‘Het is hier geweldig...’

'Het is hier gewel-dig...'

Raph Schouten

Een selectie uit 300.000 vakantie-ervaringen door de bezoekers van www.zoover.nl

TIRION

Dit boek is gepubliceerd door
Tirion Uitgevers BV
Postbus 309
3740 AH Baarn

www.tirionuitgevers.nl

Omslagontwerp en vormgeving binnenwerk:
Hans Britsemmer, Kudelstaart

Fotografie:
Raph Schouten

Illustraties:
Nicole Smans, Casteren

ISBN 978 90 4390 962 4
NUR 508

Inhoudsopgave

HOTEL
JEMEN

Voorwoord

'Het is hier geweldig...' Een kreet die je tijdens de vakantie vaak hoort, of zelf in de mond neemt. Maar ook als iets tien keer niks is, komen deze woorden met een cynische ondertoon regelmatig voorbij. Dit boek is een bonte lappendeken van lief en leed, top en flop.

De website www.zoover.nl vormt de basis van het boek. Op de site staan 300.000 vakantiebeoordelingen van 70.000 accommodaties door en voor vakantiereizigers. De meest opmerkelijke ervaringen zijn uitgewerkt in korte interviews en in veel gevallen geïllustreerd met een eigen vakantiekiek. Een speciale oproep op de site heeft eveneens bijzondere vakantiebelevenissen opgeleverd. Daarnaast ben ik zelf op zoek gegaan naar mensen met een bijzondere reiservaring. Het resulteerde in zestig uiteenlopende belevenissen; ontroerende momenten en bijzondere ontmoetingen, maar ook verschrikkelijk vakantieleed.

Op de website zijn tal van polls geplaatst met uiteenlopende vragen die betrekking hebben op de vakantie- en reisbeleving. De uitslagen zie je verspreid door het boek terug. Dat geldt tevens voor de vele supertips die werden ingestuurd.

Eén persoonlijke tip wil ik jullie op voorhand niet onthouden: het gaat in het leven niet om het bereiken van de eindbestemming, maar om de reis ernaartoe!

Raph Schouten.

(Vakantie)liefde op het eerste gezicht

'Enkele jaren geleden heb ik deelgenomen aan het televisieprogramma "Liefde op het eerste gezicht" van Carlo Boszhard. Daar rolde een vakantiedate uit met een mannelijke kandidaat. We zouden met de reischeque een vakantie boeken in Spanje, maar hij gaf er uiteindelijk toch de voorkeur aan om met een vriend te gaan. We hebben de waardecheque gedeeld en ik ben vervolgens met een vriendin naar de Spaanse badplaats Rosas gereisd', vertelt Cindy El Karmaoui-Majoie uit Grave.

'Ik had mij voorgenomen om de jongens links te laten liggen, want het geeft niets dan ellende. En tja, toen kwam ik op het strand Bachir (23) tegen, een heel leuke, lieve Marokkaanse vent. Ik raakte smoorverliefd. Toen het eind van de vakantie naderde, werd ik gek van vertwijfeling. We spraken af dat hij over twee weken bij mij in Nederland zou komen logeren. Maar... na veertien dagen geen Bachir. Ik sloeg mezelf voor de kop; zie je wel, weer zo'n naïeve vakantieliefde.

Na een paar dagen ging de telefoon: het was Bachir! Hij excuseerde zich en vertelde dat hij iets later kwam omdat zijn vader was overleden. Hij hield woord en even later kwam Bachir naar Nederland. En hij is nooit meer teruggegaan! Bachir heeft alles aangepakt om aan werk te komen, zelfs een tijd kranten bezorgd. Het was een heel gedoe om een verblijfsvergunning te krijgen, maar het is gelukt. We zijn inmiddels getrouwd en hebben twee kinderen, Fatima (5) en Aïcha (3). Natuurlijk ging in de beginperiode niet alles over rozen; van het ene op het andere moment 24 uur per dag bij elkaar... en uiteraard de cultuurverschillen.

We vormen met elkaar een gelukkig gezinnetje. Mijn man heeft een baan als lasser en ik ben kinderleidster. In Spanje zijn we nog een keer teruggeweest na het winnen van een reischeque en vele keren in Marokko bij zijn familie. Dat klikt prima. Zo zie je maar wat "Liefde op het eerste gezicht" allemaal teweeg kan brengen.'

3000 dollar per nacht in 's werelds enige zevensterrenhotel

Het 321 meter hoge Burj al Arab-hotel in Dubai is het enige zevensterrenhotel ter wereld. Het super-de-luxe complex is in vele opzichten een hoogstandje. De 38-jarige Ivo Berger uit Den Haag mag zich graag in de watten laten leggen en verbleef met een vriend vier dagen in Burj al Arab. 'We betaalden 3000 dollar per persoon per nacht. Dan heb je het over een "doorsnee" kamer, zonder eten en drinken...'

Burj al Arab – letterlijke vertaling: 'Toren van de Arabieren' – werd in 1999 geopend. De bouw nam vijf jaar in beslag. Eerst werd 280 meter uit de kust een kunstmatig eilandje aangelegd, daarop werd vervolgens het superhotel gebouwd. Het heeft de vorm van een zeil met bovenop een helihaven. Het hotel is via een smal weggetje met het vasteland verbonden. Burj al Arab heeft de langste atriumhal ter wereld (180 meter) en de 202 duplexsuites variëren in oppervlakte van 170 tot 780 vierkante meter.

'Ik laat me graag verwennen in goede hotels. Ja, dan mag Burj al Arab niet op het lijstje ontbreken. Samen met een vriend naar

Dubai gevlogen. De vipbehandeling begint al meteen bij aankomst op het vliegveld. We werden om de douanecontrole geleid en in een splinternieuwe witte Rolls Royce naar het hotel gereden. Niks inchecken bij de balie, dat was allemaal achter de schermen al geregeld. De hotelkamer lag halverwege op de negentiende verdieping. Het was een relatief klein appartement met een oppervlakte van 225 vierkante meter, verdeeld over twee etages en via een trap met elkaar verbonden. Binnen is alles tot in de perfectie afgewerkt. Veel gouden krullen en marmer, heel Arabisch eigenlijk.

Met slechts één afstandbediening kun je werkelijk alles bedienen; van verlichting, airco en audio tot het oproepen van de butler en het sluiten van de gordijnen. Alcohol mag dan taboe zijn in de Verenigde Arabische Emiraten, de drankvoorraad in ons appartement was ongekend. In prachtige houten kasten stond een keur aan sterke drank. En dan niet één soort whisky of cognac, maar een heel assortiment. In de badkamer vond ik de complete bodyline van Hermès. En ook hier niet kinderachtig met kleine flacons, maar grote flessen. We hadden 24 uur per dag een privébutler tot onze beschikking. Je kunt je kleren laten wassen en die krijg je dan gestreken en in speciale inpakfolie terug. Ik herkende mijn eigen kleding niet meer. Echt, het zag er weer als nieuw uit. Ongelooflijk!'

De duurste suites in Burj al Arab kosten 11.000 dollar per nacht. 'Wij deden het maar met een bescheiden kamertje, haha. De meest exclusieve appartementen beschikken zelfs over een privélift en eigen bioscoopruimte. Wij betaalden 3000 dollar per persoon per nacht. Daar komen het eten en drankjes nog bij. Wel heerlijk gedineerd in restaurant Al Mahara, dat bevindt zich onder de zeespiegel van hotel Burj al Arab. Je gaat er met een soort duikboot naar toe. Is wel fake hoor, want in werkelijkheid is het een lift en het restaurant is omgeven door een megagroot diepzeeaquarium. Het effect is er niet minder om; je waant je echt op de zeebodem.

De sfeer in Burj al Arab is heel internationaal, maar wel vrij zakelijk. Je wordt met alle egards behandeld en alles is top, maar de ambiance mag wel iets huiselijker. Wat dat betreft kunnen ze een voorbeeld nemen aan hotel Four Seasons in

In welk land wonen de mooiste mannen?

1. Italië 29%
2. Nederland en België 29%
3. Spanje 12%
4. Scandinavië 8%
5. Turkije 7%
6. Frankrijk3%

- Overige landen 12%

Bron: bezoekers Zoover.nl

Istanboel. Eveneens uitmuntende kwaliteit, maar het geeft je wel een gevoel van thuiskomen, en dat mis ik in Burj al Arab. De prijs-kwaliteitverhouding van het hotel is desondanks dik in orde. Het was een geweldige ervaring, maar niet om er nog eens naartoe te gaan.'

In welk land wonen de mooiste vrouwen?

1. Nederland en België 34%
2. Scandinavië 19%
3. Italië 17%
4. Spanje 12%
5. Turkije 5%
6. Frankrijk 4%

- Overige landen 9%

Bron: bezoekers Zoover.nl

Hoe vaak per jaar ga je met vakantie?

2 keer 34%
1 keer 30%
3 keer 18%
nooit 7%
meer dan 5 keer 6%
4 keer 5%

Bron: bezoekers Zoover.nl

Af en toe een beetje pech...

Nee, aan de drie weken vakantie in Italië heeft het niet gelegen bij de familie Sticker uit Haaksbergen. 'Met mijn vrouw Marie José, de drie kinderen en caravan volop genoten', vertelt Willie Sticker. De vakantie-ellende begon op de terugreis, een rit van 1350 kilometer. Het gezin kreeg onderweg heel wat pech voor de kiezen. De rit duurde uiteindelijk zes dagen!

'We vertrokken zondagochtend om acht uur uit de Italiaanse badplaats Marina di Bibbonna richting Nederland. 25 kilometer voor de Gotthardtunnel ging het mis. De Renault Espace hield er plots mee op. Dat leverde benauwde momenten op, want we reden met de caravan bergopwaarts en er was geen vluchtstrook. Bovendien keken we een diep ravijn in. Mijn vrouw drukte de kinderen tegen de vangrail aan om ze te beschermen tegen het voorbijrazende verkeer. Ik heb maar 1-1-2 in Nederland gebeld en die verbonden mij door met de Zwitserse hulpdienst TCS. De auto werd afgesleept en wij zochten tijdelijk onderdak in een hotelletje.

Voorkom druk op oren bij opstijgen

'Met name kinderen hebben tijdens de vliegreis last van druk op de oren bij het opstijgen en landen. Dat is eenvoudig te voorkomen. Een kwestie van een halfuurtje voor het opstijgen en landen even een neusspray gebruiken. Het houdt de luchtwegen open en zorgt voor een vrije doorgang van de buis van Eustachius.

Jeanneke Bijl, Deventer

Tot onze verbazing was het niet mogelijk om er iets te eten. Moesten we met het hele gezin naar een naburig dorpje lopen om toch iets binnen te krijgen. De volgende ochtend hoopten we zo vroeg mogelijk onze reis voort te zetten, maar dat pakte anders uit. Het garagebedrijf vertelde het euvel niet te kunnen vinden. Vreemd allemaal, want mijn auto is pas twee jaar en twee maanden oud, met 75.000 kilometer op de teller. Die zou nog wel eventjes moeten kunnen meegaan, toch? We kregen een vervangende splinternieuwe Volkswagen Touran met 7 kilometer op de teller. In etappes reden we verder. Woensdag in Duitsland begon de motor te stotteren. We hadden er meteen al geen goed gevoel bij. Met een slakkengangetje van 20 kilometer per uur een parkeerplaats opgezocht en daar de Duitse

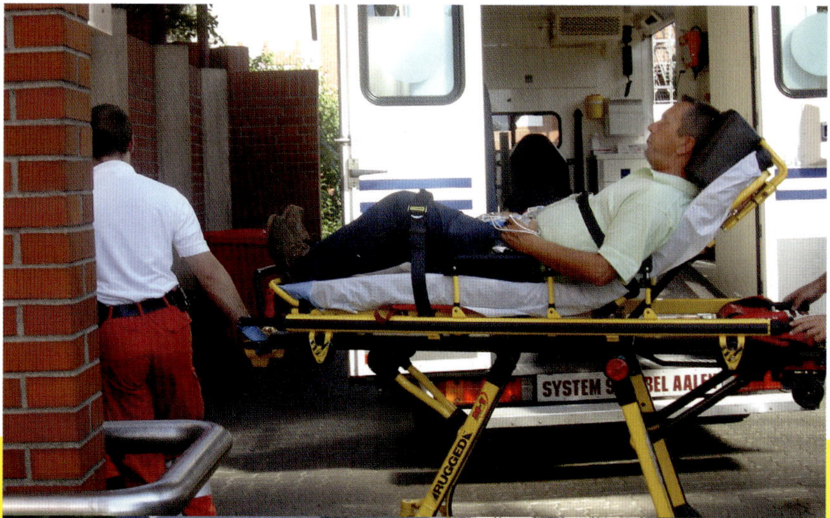
RUGGED

140

Wir kommen wie gerufen
ATEGO
1023
MOTALA
Wg. 10

wegenwacht ADAC gebeld. Die heeft ons gesleept naar een Volkswagengarage.
De computertest gaf aan dat er in de Touran een storing zat, maar het autobedrijf kon niets vinden en wilde ons weer met dezelfde auto op pad sturen. Daar voelden wij niets voor. Uiteindelijk kregen we de toezegging dat we 160 kilometer verderop een andere leenauto konden krijgen. Met samengeknepen billen maar weer op weg. Onze angst voor nieuwe autopech bleek gegrond: op een druk verkeersknooppunt bij Karlsruhe hield de Touran het voor gezien. Voor de derde keer moesten wij de sleepdienst bellen. In afwachting van de komst van de ADAC verbeet ik mijn onmacht op een stuk ontbijtkoek en toen ging ook dat mis...

Ik werd door een wesp onder mijn tong gestoken. Een enorme zwelling; ik kreeg bijna geen lucht meer. Inmiddels was de monteur gearriveerd en die zag dat het met mij helemaal mis dreigde te gaan. Hij heeft me in zijn auto gezet en we zijn samen naar de garage gereden. Daar werd ik al opgewacht door een arts en ambulance. De situatie was zo ernstig, dat er kort daarna een helikopter landde. Er sprong een arts uit de heli die mij snel een speciaal medicijn toediende om te voorkomen dat ik zou stikken. Vervolgens per ambulance naar het ziekenhuis. Vier uur later was de zwelling flink afgenomen en mocht ik weg. Mijn vrouw en kinderen waren inmiddels ook opgepikt en we zijn met z'n vijven opnieuw naar een hotel gebracht. Het chique hotel wilde ons in eerste instantie geen onderdak bieden, maar toen we ons verhaal vertelden mochten we toch blijven.

De volgende dag terug naar de garage. De hulpdiensten hadden inmiddels een vervangende auto geregeld. Maar nog voor we konden instappen, attendeerde de eigenaar van de garage ons op een probleempje: "Er zit geen trekhaak aan uw vervangende auto". We moesten vervolgens een taxi nemen die ons in drie kwartier naar een andere plek reed waar een Ford Mondeo op ons stond te wachten. Daarna weer een uurtje terugrijden om de caravan op te pikken en vervolgens richting Nederland. Vrijdagnacht om één uur passeerden we het plaatsnaambord Haaksbergen.
Ik had al een week aan het werk moeten zijn, maar door alle pech kwam daar niets van. De terugreis kost mij nog eens vijf

vakantiedagen. Hoe het met mijn eigen auto staat? Die heb ik na twee weken nog niet terug en het is nog steeds onduidelijk wat ermee aan de hand is. Garantie? Nou, da's een beetje lullig: de Renault Espace is twee maanden over de garantietermijn. Ach, af en toe een beetje pech, zullen we maar zeggen...'

Pas op met gebarentaal

'Wees terughoudend met gebarentaal. In Nederland wijzen we naar ons voorhoofd om aan te geven dat iemand gek is en draaien we met een vinger tegen de slaap om te vertellen dat iemand intelligent is. In Oost-Europa en Latijns-Amerika is dit precies omgekeerd.

Er zijn meer cultuurverschillen. Wij begroeten elkaar met drie zoenen, in Oost-Europa en Latijns-Amerika kussen ze elkaar twee keer.

Raak een moslim nooit aan met de linkerhand, want die is onrein; daar vegen ze hun billen mee af. In Indonesië staat op het toilet een fles water, daar reinigen ze hun billen mee na een grote boodschap. In Egypte drinken veel mannen hun whisky met de linkerhand, want die is voor Allah onzichtbaar, zo kreeg ik er te horen.'

John Louwrier, Leiden

Alternatieve poepdoos voor kinderen

'Ben je net op het strand, moet je kind poepen. Tja, wat doe je dan? In zee of op het strand vinden we weinig verheffend. We hoorden van een ouder een uitstekende oplossing. Neem enkele pedaalemmerzakjes mee. Als je kind een grote boodschap moet, span je het zakje om de rand van de speelgoedemmer en je hebt een alternatieve poepdoos. Na de grote boodschap doe je een knoop in het zakje en je stopt het zó in de afvalcontainer.'

Fam. Merkesteijn, Ochten

Nooit meer overbodige bagage mee

'Terug van vakantie haal ik de vuile was uit de koffer en voordat ik het in de wasmachine stop, noteer ik alle kledingstukken die tijdens de vakantie zijn gedragen. Vervolgens stop ik dit lijstje in de koffer. Bij de volgende vakantie kom ik het kledingbriefje weer tegen en weet ik exact welke kledingstukken ik nodig heb. Op deze manier komt het niet meer voor dat je allerlei kleding meeneemt die je toch niet draagt. Bovendien maakt het de koffer een stuk lichter!'

Mieke Lijten, Nuenen

Adoptiereis naar orang-oetangs

De liefde van Trijntje Medema uit Delfzijl voor de orang-oetang gaat letterlijk en figuurlijk heel ver. Ze maakte met haar vriend Björn een bijzondere trip naar Borneo om daar een ontmoeting te hebben met de zeldzame apensoort.

'Ze zijn zo vertederend en staan in alles dicht bij de mens. Helaas wordt de orang-oetang met uitsterven bedreigd. Via internet ben ik gaan zoeken naar mogelijkheden om ze in hun natuurlijke omgeving te ontmoeten. Ik kwam uit bij het Shangri-La's Rasa Ria Resort op Borneo. Het hotel heeft als achtertuin een reservaat waar orang-oetangs leven. Het gaat om jonge apen die worden opgevangen omdat ze geen moeder meer hebben. Als ze acht jaar zijn, moeten de apen op eigen benen staan en keren ze terug naar de jungle. Het is heel bijzonder dat een hotel geld steekt in een reservaat. De leefcondities benaderen zo veel mogelijk de omstandigheden die ze tegenkomen in de wildernis. Op afspraak is het mogelijk om met de verzorger mee te gaan en de orang-oetangs te ontmoeten. Reuzespannend toen het zover was. Opeens stond ik oog in oog met enkele orang-oetangs – zo geweldig imponerend. Die verkennende ogen... ze nemen je helemaal in zich op. Ik deed hetzelfde. Op zo'n moment besef je dat de orang-oetang heel dicht bij de mens staat. Ik wilde ze ook aanraken, maar dat is verboden. De verzorger vertelde dat dit uit voorzorg is om te voorkomen dat mensen ziektekiemen en bacteriën overbrengen. Ik ben een uur bij ze gebleven. Een onvergetelijke ervaring.

In het reservaat leven vijf orang-oetangs. Het is ook mogelijk om voor 40 euro per jaar een aap te adopteren. Ik ging voor de bijl en heb er twee geadopteerd: de driejarige Annie en Miss Rufila van vijf jaar. Het zijn echte schatten. Volgend jaar word ik veertig. Ik zie het niet als een mijlpaal in mijn leven, maar ik wil mijn verjaardag toch graag vieren bij Miss Rufila en Amy op Borneo. Het zijn toch een beetje mijn "kindjes" en met de verjaardag wil je graag het gezin compleet hebben.'

Alleen gratis internet in peperduur hotel

Oké, het kost een lieve duit, maar dan heb je ook wat. Marc en Nicolette Koster uit Naarden en hun twee maanden oude baby Oliver betaalden voor een tiendaagse reis naar het vijfsterrenhotel Sandy Lane op Barbados 6000 euro per persoon. En dan zijn de extra kosten voor eten en drinken, zo'n 3500 euro, nog buiten beschouwing gelaten. 'Alleen het gebruik van internet was gratis, dat viel wel een beetje tegen. Maar verder een topvakantie op een toplocatie', vertelt Nicolette.

'We houden van luxe en kiezen onze vakantiebestemmingen meestal via een bureau dat gespecialiseerd is in exclusieve reizen. Sandy Lane was echter op aanraden van een kennis. Het hotel telt 112 kamers. Er verblijven vooral Amerikanen en Engelsen. De locatie is onovertroffen. We hadden een hotelkamer met zeezicht en van alle gemakken voorzien: plasmatv, audioapparatuur, computer, loungehoek, bureau, kaptafel en een riant terras. En van gordijnen tot licht, alles kan met een afstandbediening worden bediend. Je hoeft – letterlijk – je bed niet uit.

De bediening en service zijn ongekend. Op het strand komt de bediening je brunch opnemen en wordt het desgewenst bij je strandstoel geserveerd. Verder heb je de beschikking over een privéchauffeur. Wij hebben met onze chauffeur een eilandtocht gemaakt; bijzonder hoor, zo'n eigen reisgids. Je moet er wel extra voor betalen. Dat geldt eigenlijk voor alles, want het is geen all-inclusivearrangement. Je kunt ook een kinderoppas inhuren. Dat hebben we drie keer gedaan.

We hebben op Barbados niet zo veel ondernomen; het was een echte luiervakantie. We zijn sowieso geen grote cultuurliefhebbers. We hebben wel enkele keren gedoken. Best mooi, maar we hebben "de pech" dat we het duiken geleerd hebben op de Malediven. Tja, dan heb je meteen de mooiste koraalriffen en vissen ter wereld gezien. Marc heeft nog een dagje golf gespeeld. En niet zomaar op een accommodatie: op deze green wordt het WK Golf gehouden. Het is uitsluitend toegankelijk voor de echte toppers en... de gasten van hotel Sandy Lane. Stond-ie toch maar mooi tussen de profs een balletje te slaan.'

En toen begonnen de weeën...

Je gaat over elf weken bevallen en denkt nog even lekker te relaxen door samen met je man twee weekjes Spanje te pakken. Voor Mariska en Sven-Erik uit Oostvoorne, beiden 33 jaar, liep het even anders.

'Mijn ouders, zus, zwager en de kinderen hadden ook geboekt, dus het leek ons heerlijk om nog even lekker te genieten. Zij waren er al een week toen wij aankwamen in onze villa aan de Costa del Azahar. Na een paar dagen voelde ik me niet lekker. Ik belde met de verloskundige in Nederland en die adviseerde voor de zekerheid toch even naar het ziekenhuis te gaan,' vertelt Mariska. 'Ze hebben daar enkele testjes gedaan en het was snel duidelijk: de bevalling was op gang gekomen. Omdat het streekziekenhuis niet over een couveuse beschikt, werd ik direct per ambulance naar het General Hospital te Castellon gereden. Een rit van 80 kilometer. Mijn man, moeder en zus volgden in een auto...

Tja, daar lig je dan. Ik voelde me in alle opzichten flink beroerd en maakte me grote zorgen. Ik lag samen met een Spaanse vrouw op een tweepersoonskamer en kreeg medicijnen toege-

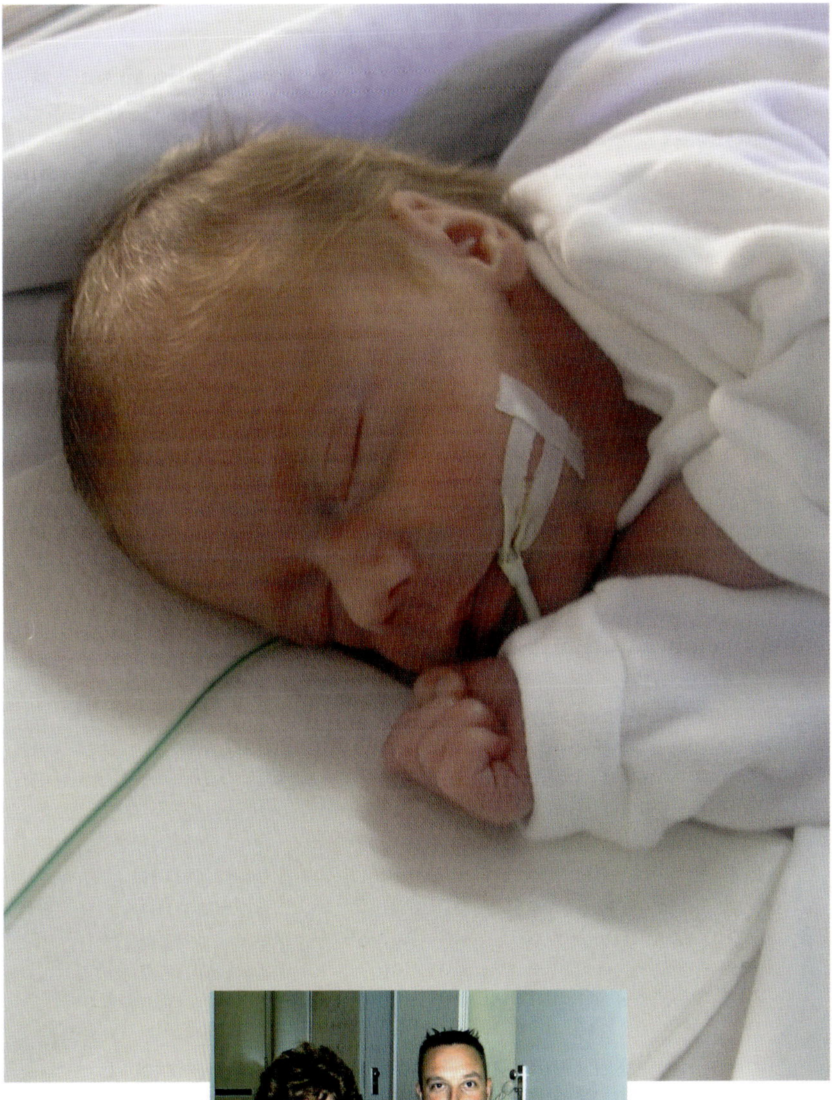

Welk land biedt meeste waar voor je vakantiegeld?

1. Nederland en België 21%
2. Italië 20%
3. Spanje 13%
4. Turkije 13%
5. Duitsland 9%
6. Scandinavië 7%
7. Frankrijk 6%
- Ander land 11%

Bron: bezoekers Zoover.nl

diend om de weeën te onderdrukken. Verder mocht ik niets doen. Ik lag inmiddels een week op bed. De medische verzorging was echt in één woord geweldig! Ik kreeg zowel van de artsen als van de verpleging alle aandacht en zorg die je je maar wensen kunt. Na een week was de bevalling niet langer tegen te houden en binnen dertig minuten was onze "Spaanse" zoon Thymen-Cas geboren.

Hij woog 1830 gram en was 43 centimeter lang. We hebben hem als tweede naam Cas gegeven, dat is afgeleid van zijn geboorteplaats Castellon. Veel tijd voor feestvreugde was er niet, want hij bleek een maag-darminfectie te hebben. We kregen het Spaans benauwd toen de artsen vertelden dat de situatie zeer kritiek was. Na drie dagen mocht ik het ziekenhuis verlaten. We hadden inmiddels een appartement dicht bij het ziekenhuis gehuurd en ook mijn schoonouders kwamen over. Thymen-Cas heeft twee weken voor zijn leven moeten vechten. Daarna konden we hem nog niet meenemen naar Nederland, want hij moest minimaal twee kilo wegen. In de tussentijd gebeld met de hulpdienst SOS en een professor van het Sophia Kinderziekenhuis in Rotterdam om te vragen hoe het verder moest. Na nog eens vier weken was hij voldoende aangesterkt voor de reis naar Nederland.

Ook dat ging niet van een leien dakje. We moesten voor Thymen-Cas een tijdelijk paspoort regelen bij de ambassade in Valencia. Mijn man heeft twee keer een rit van anderhalf uur naar de ambassade moeten maken. In de tussentijd werd er vanuit Nederland een verpleegkundige ingevlogen om ons te begeleiden. Op de dag van onze vlucht werden we per ambulance naar Barcelona gereden – een rit van drie uur! Daar kregen we letterlijk en figuurlijk een vipbehandeling. We mochten als eersten aan boord en vlogen businessclass. Thymen-Cas lag in een speciale reiswieg. Tijdens de start en landing kreeg hij door de verpleegkundige extra zuurstof toegediend. De bemanning en piloot waren zeer begaan met ons wel en wee. De vlucht is perfect verlopen en op Schiphol stond opnieuw een ambulance klaar, die ons naar het Ruwaard van Putten Ziekenhuis in Spijkenisse heeft gebracht. Daar is ons zoontje nog een week gebleven, daarna eindelijk naar huis!

Hij is inmiddels vijftien maanden en het gaat uitstekend. We zijn onlangs opnieuw voor een veertiendaagse vakantie naar Spanje geweest. Nou, er rust geen zege op, want na enkele dagen kreeg Thymen-Cas hoge koorts: opnieuw het ziekenhuis in. Het werd er niet beter op en na een week zijn we maar huiswaarts gegaan. Voorlopig hebben we het even helemaal gehad met Spanje...'

Welke toeristen irriteren jou het meest tijdens je vakantie?

1. Engelsen 25%
   Russen 25%
3. Landgenoten 23%
4. Duitsers 19%
5. Fransen 4%
6. Italianen 3%
7. Overigen 1%

Bron: bezoekers Zoover.nl

Waar spreekt de bevolking het slechtst een buitenlandse taal?

1. Frankrijk 56%
2. Turkije 16%
3. Italië 9%
4. Spanje 7%
   Griekenland 7%
6. Portugal 5%

Bron: bezoekers Zoover.nl

Warme chocolademelk tegen hooikoorts

'Menige vakantie valt in het water als iemand plotseling last van hooikoorts krijgt. Een erkend middel is er niet, maar er is wel een huismiddeltje waarbij veel mensen baat hebben. Drink een beker warme chocolademelk en het geeft direct resultaat. En mocht het onverhoopt niet werken, dan blijkt dit al na de eerste beker.'

Sjors Dekker, Edam

Amsterdamse grachten en Volendamse huisjes in Turkije

Flaneren langs de Amsterdamse grachten, uitslapen in een zestiende-eeuws Volendams huisje en ontbijten in een Hollandse molen. Het kan allemaal in Orange County, een all-inclusive-resort bij de Turkse badplaats Alanya. Ook Frans Bauer komt meerdere keren per dag even voorbij in een vijftien minuten durende Nederlandstalige medley. 'Maar als je pindakaas op je boterham wilt smeren, zul je toch echt naar Nederland moeten', vertellen Claudia en Marc van Meteren uit Geffen.

'Waarom dit resort? We zijn twee weken op vakantie geweest met de twee kinderen, Indy (3) en Mick (2), en onze ouders en schoonouders. Dan zoek je iets waar iedereen aan z'n trekken kan komen. Via www.zoover.nl kwamen we uit bij Orange County. Dat voldeed aan al onze eisen: veel vertier en animatie, maar ook een megazwembad met grote terrassen en een beautycentrum. We zaten in een Volendams huisje, inclusief schilderijtje met melkmeisje! Verder viel het met die typisch Nederlandse inrichting wel mee, hoor. Het resort telt zo'n 550 kamers en overal kom je Nederlandse bouwelementen tegen. Het middelpunt vormen de Amsterdamse grachten en ophaalbruggen. Het is zó goed gekopieerd! Weet je, in de meeste resorts zit iedereen 's avonds voor z'n kamer of kiest een terras. Hier zie je de mensen heerlijk langs de grachten flaneren, precies zoals in Amsterdam.

Zelfs de bekende Amsterdamse coffeeshop The Bulldog is perfect nagebouwd, maar voor een blowtje moet je wel echt in Nederland zijn. Wel kunnen de gasten in een Hollandse molen een ontbijtje nemen en in het kleine bakkerswinkeltje ligt een Broodje Gezond op het schap. 'De Turkse koffie is vaak drab, maar hier schenken ze echte Douwe Egberts. Da's toch wel heel prettig, hoor. Het is echter beslist niet allemaal Nederlands wat de klok slaat. Wil je bij het ontbijt jam of hagelslag, dan is dit geen probleem, maar voor pindakaas zul je toch echt naar Nederland moeten.

Er is een Nederlands restaurant dat bitterballen op de menukaart heeft, maar dat houdt niet over. Op het resort vind je ver-

der onder meer restaurants met Italiaanse en Turkse gerechten, een visrestaurant en niet te vergeten een sushirestaurant. Alles is er in overvloed en de kwaliteit is uitstekend. In tegenstelling tot de meeste all-inclusiveresorts hoef je niet zelf je drankjes te halen, maar word je door het personeel bediend. Je krijgt de drankjes bovendien in echte glazen. Bij de sterkere dranken schenken ze B-merken. Dat vind ik geen punt, mits je daar eerlijk voor uitkomt. En dat doen ze hier.

Over het hele resort schalt de hele dag vrij hard muziek. Daar moet je van houden, ons stoorde het niet. Ja, natuurlijk ook Nederlandstalige muziek, maar beslist niet in overvloed. Een aantal keren per dag komt er een Nederlandse medley met Frans Bauer voorbij, maar de muziek is voornamelijk West-Europees.'

Wie denkt dat er uitsluitend Nederlandse toeristen naar Orange County komen heeft het mis. Volgens Claudia en Marc van Meteren is zo'n 50 procent van de gasten Nederlands en vormen toeristen uit het voormalig Oostblok, met name de Oekraïne, met 30 procent de tweede enclave. Verder zijn het vooral Duitsers en Turken die het resort bezoeken. 'Over de mensen uit het voormalige Oostblok wordt nogal negatief gedaan. Het is waar dat ze veel teveel op hun borden scheppen, wel eens voorkruipen en luidruchtig zijn, maar dat zie je bij sommige Nederlanders ook. Het is ons wat te kort door de bocht om alle Oostblokkers over één kam te scheren.'

Lovend zijn ze over het professionele en vriendelijke animatieteam. 'Werkelijk geweldig wat ze allemaal deden. De kinderen

Zeer voordelig bellen vanuit buitenland

'Door in het buitenland een telefoonkaart te kopen die je activeert met een nummercode, kun je veel geld besparen. Op de kaart staat een gratis telefoonnummer dat je vanuit de telefooncel of hotelkamer moet bellen. Vervolgens kun je kiezen in welke taal je wilt worden toegesproken en wordt uitgelegd wat je moet doen. Meestal zul je het geheime codenummer van je telefoonkaart moeten intikken; deze code staat onder een zilverkleurig balkje dat je moet wegkrassen. Vervolgens krijg je te horen hoeveel belminuten je nog hebt, daarna tik je het gewenste nummer in. Ik kon vanuit Portugal voor € 5,00 ruim 75 minuten met Nederland bellen, in Frankrijk belde ik zestig minuten met het thuisfront en dat kostte me slechts € 7,50.'

Henk Freriksen, Wijchen

zijn twee dagen bezig geweest met de repetities van een internationaal dans- en zangoptreden. Alle kinderen mochten een muziekstuk en dansje uit hun eigen land instuderen. De uitvoering voor de trotse ouders was onvergetelijk.'
Mick vierde zijn verjaardag op Orange County en ook hier was het personeel geen moeite teveel. 'Speciaal voor hem werd er een verjaardagstaart gebakken.'

Het resort telt een internetcafé met acht pc's, een bowlingzaal en beautycentrum, met mogelijkheid voor een Thaise massage. Je hoeft eigenlijk het resort niet af tijdens je vakantie. Dat hebben we dan ook nauwelijks gedaan. Je moet hier niet zijn als je Turkse cultuur wilt opsnuiven, maar zoek je rust en ontspanning bij het zwembad en lekker eten bij de hand, dan is dit echt geweldig. Wil je actief bezig zijn, dan kun je in het resort onder meer darten, volleyballen, parasailen en waterfietsen.

'Natuurlijk krijgen we vragen van vrienden en kennissen die zich verwonderd afvragen of je voor Volendamse huisjes en Amsterdamse grachten naar Turkije moet gaan. Sommigen zagen op de foto's zelfs het verschil niet; die moest je uitleggen dat we toch écht in Turkije waren, haha. Voor ons was het een perfecte vakantie op een bijzonder resort. We gaan beslist nog eens terug.'

Auto-matisch wasje doen tijdens het rijden

'Als wij met de auto op vakantie gaan, neem ik altijd een emmer met afsluitbare deksel mee. Je hebt regelmatig een handwasje en dat laat ik vol-auto-matisch doen! Als we met de auto een tochtje maken, stop ik de handwas in de emmer. Ik doe er warm water en wasmiddel bij, sluit de deksel en zet het in de auto. Tijdens de rit zorgt het schudden van de auto ervoor dat de wasemmer volop 'draait'. Weer terug bij de tent of het appartement is de vuile was brandschoon en is het alleen nog een kwestie van ophangen en drogen.'

Will Gort, Tiel

Hotelpersoneel paaien

'Je kunt natuurlijk aan het eind van de vakantie het hotel-personeel een fooi geven, maar ik geef liever vanaf het begin af en toe een kleine tip. Bovendien onthoud ik de namen van een aantal medewerkers. Als ik ze tegenkom en begroet, noem ik ze bij de voornaam. Dat vinden de meesten heel sympathiek. Ze zijn daardoor vaker bereid om iets extra's voor je te doen. Wie zaait zal oogsten.'

Lenny Kok, Den Haag

Betoverende reis naar Antarctica

De tiendaagse cruise met een voormalig Russisch onderzoeksschip van Oceanwide Expeditions naar Antarctica behoort in meerdere opzichten tot de meest unieke en exclusieve reiservaringen die je kunt bedenken. Vanaf ruim 4000 dollar per persoon, exclusief vliegtickets, heb je een betoverende reis door een ongerepte witte wereld en ontmoetingen met walvissen, zeehonden, pinguïns en zeevogels. Sandra Prummel uit Amsterdam maakte de reis naar dit onherbergzame continent, waar de ijslaag gemiddeld 2500 meter dik is.

'Ik ben eerst vanuit Amsterdam naar Buenos Aires gevlogen. Vervolgens per vliegtuig verder naar Ushuaia, het meest zuidelijk gelegen stadje ter wereld. Dit is de uitvalsbasis van de Grigoriy Mikheev, een voormalig Russisch onderzoeksschip. De versterkte boeg maakt het mogelijk dat we door stukken ijs kunnen varen. We zijn met 49 passagiers; Amerikanen, Canadezen, Italianen, Polen en Nederlanders. Ons eerste reisdoel, de South Shetlands, is twee dagen varen. We genieten van de zon en kij-

ken naar de albatrossen en Kaapse stormvogels die het schip volgen. Twee wetenschappers van het expeditieteam houden lezingen in het Engels over het klimaat, het ijs, de dieren en de historie van Antarctica.

De volgende bestemming is het adembenemende King George Island. Ons schip wordt omgeven door prachtige sneeuwvelden, gletsjers en glinsterende ijsbergen. We zien verderop geelgekleurde blokkendozen van het Poolse wetenschapsstation Arctowski. Bij ons aan boord zijn enkele Poolse wetenschappers die hun collega's komen aflossen. Ze zullen een jaar blijven. Voor ons een buitenkansje om een bezoek aan het station te brengen. De woonkamer is verrassend warm en gezellig; veel grenen en overal foto's en gedenkborden aan de muur. Buiten is een grote vlakte met geelbruin gekleurde korstmossen te zien, sommige honderd jaar oud.

's Nachts glijdt de Grigoriy Mikheev verder door het zeewater, op weg naar het Antarctisch Schiereiland. Af en toe word ik wakker van het geluid van kruiend pakijs dat de romp van ons schip schuurt. We bezoeken Danco Island bij de Errera Channel. Op de zwaar besneeuwde hellingen leven maar liefst 15.000 ezelspinguïns. Indrukwekkend. Het volgende hoogtepunt dient zich aan: Paradise Bay. Het is een van de mooiste sneeuwlandschappen op aarde. We zien de ruim 40 meter uit zee oprijzende Petsvalgletsjer. Het ijs is blauwgekleurd door de hoge druk van het bovenliggende ijs. Het water is rimpelloos, bergen lijken zich in het water te verdubbelen. Het is stil, overweldigend stil.

De laatste dag op het Antarctisch schiereiland bezoeken we Lemaire Channel, een nauwe kloof van 7 kilometer. Het is omgeven door bijna verticale bergwanden met gletsjers. Aan beide kanten zijn kleine pinguïnkolonies te zien. Niet voor niets wordt deze kloof ook wel de "Kodak-gap" of "Fuji-tunnel" genoemd: iedereen staat op het dek foto's te maken. Tijdens de oversteek terug naar South Shetlands baant ons schip zich probleemloos een weg door het vele pakijs. Vanaf de boeg een fantastisch schouwspel hoe ons schip het ijs breekt. Her en der liggen zeeluipaarden en weddelseals op de ijsschotsen te "blaffen" naar het schip.

Via de beruchte Kaap Hoorn keren we terug naar het vasteland van Zuid-Amerika en Ushuaia. De cruise wordt op het voordek in stijl afgesloten met een toast (oer-Hollandse Beerenburg!). We vormden een bont gezelschap, jong en oud. Iedereen met een passie voor de natuur en dit onontgonnen gebied. Zo'n reis heeft een geweldige impact. Het doet je beseffen hoe belangrijk het voor de mensheid is de natuur te beschermen en te behouden voor toekomstige generaties. Het leert je bovenal de tijd te nemen om te genieten van al het moois op aarde.'

Bulgarije, het Turkije van vijftien jaar geleden

Na twaalf jaar Turkije waren Rien Dortmans en zijn vrouw Toos uit het Brabantse Dinteren wel een keer op het land uitgekeken. Na wat surfen op internet viel hun oog op Bulgarije. 'Vorige zomer naar Albena geweest, nu net terug van een Bulgaars plaatsje bij Varna. Een geweldig land. Ik vergelijk het met het Turkije van vijftien jaar geleden', vertelt Rien.

'Op internet is veel informatie over het land en de bevolking te vinden. Dat is wel prettig, want tja, wat weet je verder van Bulgarije? Vorig jaar de sprong in het diepe gewaagd en... het is er geweldig. De eerste meevaller is de vliegreis. We zijn niet van die types die lang in een toestel willen zitten en de vlucht naar Bulgarije duurt iets meer dan tweeënhalf uur. Het is een land vol contrasten. De toeristencentra zijn erg westers; de jeugd loopt er trendy bij en iedereen heeft een mobieltje. Ga je drie kilometer het binnenland in, dan kom je in een andere wereld terecht: armoede en bouwvallige huisjes. Op het platteland leven de mensen van wat het land opbrengt. Kleinschalige landbouw, fruitbomen, kippen en geiten domineren het binnenland. Daarnaast stookt iedereen z'n eigen sterke drank. Ik weet niet wat het precies is, maar voor ons niet te drinken, haha.

Het prijsniveau ligt laag. Voor een koel biertje betaal je € 0,80 en aan het strand en aan de boulevard heb je voor € 6,- per persoon een maaltijd, inclusief drankje. En € 1,- voor twee versgezette kopjes koffie en een flesje cola is ook geen geld, toch? De mensen op het platteland zijn zeer vriendelijk, maar bij het hotelpersoneel kan er vaak nog geen lachje af. Het avondeten was weinig gevarieerd: vijf dagen frites en twee dagen puree. Maar ja, bij een achtdaags arrangement voor € 299,- in het driesterrenhotel Excelsior moet je niet zeuren.

Gelukkig heeft Bulgarije nog weinig hotels die flink de hoogte in gaan. Een nadeel is dat veel accommodaties tegen de heuvels liggen. Voor mensen die slecht ter been zijn niet prettig. In tegenstelling tot Turkije, waar je op de boulevard steeds wordt lastiggevallen door opdringerige verkopers, is daar in Bulgarije geen sprake van. De Bulgaren zijn vriendelijk en laten je met rust. In de toeristencentra wordt redelijk goed Duits en Engels gesproken. In ons hotel was driekwart van de gasten van Duitse afkomst, de rest kwam uit Nederland en Engeland. Het hotel zag er verder prima uit en de stranden waren schoon. In het binnenland ligt wel veel zwerfafval. De wegen zijn zeer slecht en de Bulgaren rijden roekeloos. Het is af te raden om er met een huurauto op uit te trekken. Van criminaliteit hebben we niets gemerkt. De resorts worden bewaakt en we hebben het lokale nachtleven niet verkend. Wel zien veel Russische hoertjes kans om in het park hun diensten aan te bieden. Wij zijn in onze nopjes met onze nieuwe vakantiebestemming en gaan beslist nog eens terug naar Bulgarije.'

Wat is het mooiste Waddeneiland?

1. Terschelling 28%
2. Texel 24%
3. Schiermonnikoog 20%
4. Vlieland 14%
   Ameland 14%

Wat mis je op vakantie het meest?

1. Mijn huisdier 36%
2. Computer 34%
3. Mijn krantje 16%
4. Nederlands ontbijt 7%
   Televisie 7%

Met een geldprijs van 250.000 euro koop ik een optrekje in:

1. Eigen land 27%
2. Spanje 23%
3. Frankrijk 19%
4. Italië 15%
5. Turkije 7%
6. Scandinavië 5%
7. Duitsland 4%

Waar beleef je de leukste stedentrip?

1. Barcelona 43%
2. Rome 24%
3. Londen 10%
4. Parijs 9%
5. Praag 8%
6. Berlijn 6%

Bron: Zoover.nl

De fiets

'Tijdens een wandeling met mijn vrouw in de omgeving van de Turkse plaats Dalyan ontmoetten wij bij een vervallen huisje een Turkse vrouw. Ze stookte buiten een vuurtje onder een bolle ijzeren plaat. Er lag deeg klaar om er pannenkoeken van te bakken,' vertelt Bob Hazelhoff uit Surhuisterveen.

'We begroetten haar en ik gebaarde dat wij graag over haar schouder wilden meekijken hoe ze met primitieve middelen ging bakken. Ze lachte en sleepte twee krakkemikkige stoelen naar de openluchtkeuken; we zaten op de eerste rij toe te kijken hoe het deeg veranderde in een overheerlijke pannenkoek. Na een tijdje stonden we op om afscheid te nemen, maar daar kon geen sprake van zijn, gebaarde ze. Er werd een

extra tafel gehaald en voor we het wisten zaten we aan de pannenkoeken.

Intussen waren ook haar zoontje en dochter thuisgekomen en met behulp van een woordenboekje konden we toch een beetje converseren. De Turkse vrouw vertelde dat ze haar man verloren had bij een tractorongeval en weduwe was. Er was geen verbeeldingskracht voor nodig om te zien dat het gezin in armoede woonde. Hoofdschuddend en vol verbazing hoorden we de vrouw vertellen dat haar 9-jarig zoontje Halil elke dag kilometers moest lopen om zijn schooltje te bereiken. Er was domweg geen geld om voor dat jong een fiets te kopen.

De volgende dag huurden we een auto, hebben we moeder en zoon opgehaald en zijn vervolgens naar een fietsenhandelaar gereden. Voor 120 euro een eersteklas fiets gekocht, inclusief versnellingen voor het “hooggebergte”. Je had de gezichten van Halil en zijn moeder moeten zien, zó intens blij. Met pijn en moeite pasten we met z’n allen – inclusief fiets – in de huurauto. We wilden terugrijden, maar de moeder gebaarde dat we “even” naar opa en oma moesten rijden om de superbike te showen. Afijn, bij het ooievaarsdorp rechtsaf en toen een zandpad in waar geen eind aan leek te komen. Het pad werd steeds smaller, de omgeving steeds bergachtiger.

Plots eindigde het pad. We stapten uit en stonden bij een bron met heerlijk koel en helder water, maar geen huis te bekennen. Moeder en zoon klauterden een geitenpad op en gebaarden ons te volgen. Na een flinke klimpartij kwamen we aan bij een boerenstal. We wreven ons eens goed in de ogen: dit was dus het ‘huis’ van opa en oma. In de ‘woonkamer’ een open stookplaats en beddengoed op de grond. De kleerkast bestond uit een wandje waarin een rij spijkers was geslagen. Buiten hingen potten en pannen op een houten rek en om het huis liepen een ezel en enkele geiten. Opa en oma moesten het pad af om de fiets te bewonderen, daarna met z’n allen weer naar boven klauteren, want we konden niet vertrekken zonder een kop thee te hebben gedronken. Op een houtvuurtje werd het water aan de kook gebracht. We waren honderd jaar terug in de tijd. Voor ons gevoel een eeuwigheid later waren we pas terug bij ons hotel. Wat een dag!’

Drank, vrouwen, zon en zee

Je bent jong en gaat voor het eerst zelfstandig op vakantie. Net droog achter de oren zijn Renesse en Terschelling the places to be. Die worden echter al snel ingeruild voor het Spaanse Salou of Griekse Chersonissos. Matthias van de Beek (26) uit Barneveld en zijn zes vrienden hebben het allemaal meegemaakt. 'Te gekke vakanties, met alles erop en eraan. Totdat iemand zijn Nederlandse vriendinnetje meeneemt...'

'Vanaf mijn vijftiende ga ik al met vrienden op vakantie. De eerste keer ging het naar Eerbeek, daarna Renesse en Noordwijk. Op mijn achttiende oud genoeg om het buitenland te verkennen: twee keer Malgrat de Mar, Chersonissos, Gran Canaria, Portugal en twee keer Mallorca – wel een aardig rijtje, dacht ik zo, haha.

Ja, het draait allemaal om drank, meiden, zon en zee. We zorgden er steevast voor dat we nooit verder dan 500 meter van het "episch centrum" zaten. Wat dat betreft is Chersonissos echt de absolute top: zoveel verschillende uitgaanstenten bij elkaar. Te

gek! Portugal was minder geslaagd. Uiteraard draait het vooral om het versieren van een leuke meid. Of ik daar een truc voor heb? Nou, niet echt. Oogcontact zoeken is altijd oké, maar doe het niet te direct. Verder gewoon iemand gezellig aanspreken, dan merk je snel genoeg of het een beetje klikt. En niet te lang praten, maar in actie komen!

Veel maffe dingen meegemaakt. Tijdens onze eerste buitenlandse vakantie in Malgrat de Mar hadden we geen cent te makken, dus voor het stappen stevig indrinken in ons appartementje. Met flessen sangria aan de mond met z'n drieën in bad om ons klaar te maken voor de stapavond. Later kleurden ook de muren rood, want niet iedereen kon de drank binnenhouden. Een andere keer kwam ik om half zeven 's ochtends doodmoe uit het nachtleven op mijn kamertje, zit daar halfnaakt een volslagen onbekende meid. Nee, ik had nergens puf voor en wilde alleen maar pitten.

Of we onderling wel eens strijd hebben geleverd om een meisje? Nee hoor. Wie het eerst komt, die het eerst maalt. En hoewel we met onze vriendengroep heel wat vakantieliefdes hebben gehad, is het eenmaal in Nederland terug, snel gedaan. Natuurlijk heb ik ook wel eens adressen en telefoonnummers uitgewisseld, maar op vakantie is alles leuk, daarna is het allemaal anders.'

Ik ben twee keer met een toenmalige vriendin en mijn vrienden op vakantie geweest; er waren nog enkele stelletjes bij. De eerste keer ging het hartstikke leuk, maar de tweede keer was het echt niets. Te veel op elkaars lip, te weinig privacy; je komt tussen je vrienden en je vriendin in te staan. Een teken dat je ouder wordt en toe bent aan een ander soort vakantie. Vorig jaar ben ik voor het eerst alleen met mijn vriendin op vakantie geweest naar Kos. Heel relaxed. Maar mijn vrienden ben ik niet vergeten, hoor. We gaan nog regelmatig met z'n allen een avondje beesten.'

Al 37 jaar samen met vakantieliefje

De meeste vakantieliefdes mogen dan niet lang standhouden, bij de 67-jarige Jette Siegmund duurt die nu al 37 jaar. Ze is geboren in Denemarken en leerde haar man Frans in 1969 kennen tijdens een vakantie op het Griekse eiland Corfu. Tegenwoordig wonen ze in Zwijndrecht.

'Ik heb altijd een speciale band met Nederland gehad. Mijn moeder werkte tot de Tweede Wereldoorlog als au pair bij een Nederlandse familie; daarna bleven er vriendschapsbanden bestaan. In 1968 maakte ik een nare scheidingsperiode door; ik wilde een nieuwe start maken en kon toen terecht bij een vriendin van mijn moeder in Soest. Zij heeft mij liefdevol opgevangen en daar leerde ik ook de Nederlandse taal.

Een jaar later ontmoette ik tijdens een vakantie op Corfu mijn huidige man. We zaten in hetzelfde hotel: ik in m'n eentje, hij samen met zijn moeder. We raakten met elkaar aan de praat en het klikte meteen. Samen gewandeld en gezwommen, maar na drie dagen was mijn vakantie voorbij. Frans beloofde om mij in Nederland op te zoeken. Ik had er niet veel fiducie in, want hij is maar liefst tien jaar jonger dan ik... maar plots stond hij voor de deur van mijn flatje in Amersfoort.

Frans werkte op een binnenvaartschip en woonde nog thuis bij zijn ouders in Breskens. Hij stond op het punt om weer te gaan varen, maar die reis ging niet door. Toen is hij zes weken bij me gebleven – nou ja, eigenlijk is-ie nooit meer weggeweest. Het is vervolgens heel snel gegaan, enkele maanden later waren we getrouwd! Dat was vooral om belastingtechnische reden. Nee, hij werkt niet meer op een binnenvaartschip, maar is gemeen-

teambtenaar in Rotterdam. In 1971 hebben we een zoon gekregen en toen we 25 jaar getrouwd waren hebben we onze vakantie op Corfu nog eens overgedaan.

We zijn in hetzelfde hotel geweest en we hebben oude foto's meegenomen en die aan het personeel laten zien. Zij vonden het fantastisch en hebben ons getrakteerd op een Grieks diner. Mochten we helemaal zelf samenstellen. Of ik nog nuttige tips heb als het om vakantieliefde gaat? Nou, niet echt. Het is net als bij een "gewone" liefde, een relatie met vallen en opstaan. Natuurlijk duurt de verliefdheid niet eeuwig; het maakt plaats voor een ander gevoel, je wordt meer soulmates van elkaar. Er moet echter wel iets spannends in je relatie blijven. Zorg dus dat je verhouding niet indut.'

Ik erger mij het meest aan het rijgedrag van:

1. Nederlanders 31%
2. Fransen 23%
3. Duitsers 17%
4. Italianen 13%
5. Belgen 11%
6. Engelsen 5%

Bron: bezoekers Zoover.nl

Ik zoek mijn ideale vakantie vooral via:

1. Internet algemeen 61%
2. Reisbureau 23%
3. Zoover.nl 10%
4. Krant/tijdschrift 3%
5. Tv-programma's 2%
6. Vakantiebeurs 1%

Bron: bezoekers Zoover.nl

Ik wil best eens alleen op vakantie.

1. Nee, lijkt me niets 51%
2. Ja, maar ik mag niet 18%
3. Ja, staat op mijn lijstje 14%
4. Nee, ik durf dat niet 9%
5. Ja, ik heb het vaker gedaan 8%

Bron: bezoekers Zoover.nl

All inclusive hotels vervelen na een paar keer.

1. Oneens 48%
2. Eens 35%
3. Geen mening, nog nooit geweest 17%

Bron: bezoekers Zoover.nl

Drie dagen in discotheek wegens orkaan

Bianca en Ron van der Lingen uit Rotterdam houden best van een avondje disco, maar er zijn grenzen. Tijdens hun verblijf in het Mexicaanse hotel Iberostar Paraiso Beach in Riviera Maya kwam de orkaan Wilma op bezoek. Samen met 270 Europeanen uit twee Iberostarhotels werden ze geëvacueerd naar de discotheek van het resort. De 'party' duurde uiteindelijk drie dagen!

'Natuurlijk wisten we dat het in oktober in Mexico slecht weer kan zijn, en een enkele regendag neem je voor lief. Toen we 17 oktober in Riviera Maya arriveerden, hoorden we dat de orkaan Wilma wellicht ook Mexico zou aandoen. De volgende dag schoven medewerkers van Neckermann en Thomas Cook briefjes onder de deur van de hotelkamers met enkele tips. We werden verzocht om uit voorzorg de koffers in te pakken en waardevolle spullen in de kluis te bewaren. Ach, we deden er wat lacherig over. De volgende ochtend hing er in de lobby een nerveuze sfeer. Personeel was alles aan het opruimen, ramen werden dichtgespijkerd en ligstoelen werden op de bodem van het zwembad neergelegd. Wel een vondst, want op die manier konden de stoelen niet wegwaaien.

's Avonds om acht uur werd iedereen geëvacueerd naar de discotheek. Het personeel had niets aan het toeval overgelaten; overal lagen kussens en dekens. Aan de discotheek grenst een keuken. De hotelmedewerkers hadden een grote buffer voedsel en drinken ingeslagen. De sfeer was gemoedelijk, er werd wat gegiebeld en kinderen hielden een kussengevecht. Toen begon het grote wachten. Om één uur 's nachts barstte het noodweer los. Heel vreemd. We konden niets zien, maar hoorden het buiten vreselijk tekeergaan en geluiden van dakpannen die sneuvelden. Plots konden we ook niet meer sms'en en hield het contact met het thuisfront op. Ook de airco gaf de geest. Je merkte dat sommigen geprikkeld raakten, anderen voelden zich ziekjes. Plotseling ging de wind liggen. Het personeel vertelde ons dat we in het oog van de orkaan zaten en daar is het windstil. Heel onwerkelijk. Medewerkers van het hotel gebruikten dat moment om het dak te inspecteren en de airco te repareren. Na vijf uur stak de orkaan de kop weer op. Pas de volgende dag 's avonds was het voorbij.

De ravage was enorm; beschadigde kamers en strandhuisjes, ontzette kozijnen, en het theater was volledig ingestort. Na inspectie door het hotelpersoneel konden wij gelukkig wel gebruik maken van ons appartement. Van een vakantiegevoel was uiteraard geen sprake meer. De volgende dag samen met andere toeristen het hotelpersoneel geholpen met het opruimen van een deel van de stormschade. We hebben echt onafgebroken acht uur de handen uit de mouwen gestoken. Wij vonden het niet meer dan normaal om iets terug te doen. Zij hadden tijdens het noodweer immers fantastisch voor ons gezorgd. Zo'n ramp creëert een groot saamhorigheidsgevoel. Je wordt ook inventief; van plastic zakken werden regenjassen gemaakt en regenwater van de daken werd opgevangen in prullenmanden om het als drinkwater te gebruiken. We hadden een twaalfdaagse reis geboekt, maar wilden toch zo snel mogelijk terug naar Nederland. Je kunt je ogen niet sluiten voor de schade en ellende om je heen. Bovendien loop je als toerist alleen maar in de weg. Iedereen was dan ook bezig met de vraag: hoe kom ik zo snel mogelijk terug naar Nederland? Tien dagen na aankomst in Mexico konden we eindelijk via een ingewikkeld reisschema terugvliegen. We landdden in Brussel en konden daarna met bussen verder naar Rotterdam en Amsterdam. De reis duurde twee volle dagen.

Het klinkt misschien gek, maar we kijken best met een goed gevoel terug op deze trip. Door de langdurige opsluiting in de discotheek hebben we veel mensen ontmoet die we anders nooit hadden leren kennen. Het hotelpersoneel en medewerkers van de touroperator hebben ons geweldig opgevangen. Een bijzondere ervaring. Alleen al om voor die mensen iets terug te doen, gaan we beslist nog eens terug naar Mexico. We kiezen voor alle zekerheid dan wél een andere maand uit.'

Dromen in een Egyptisch sprookjeshotel

'Na de vliegreis gaan we met de bus in het donker op weg naar hotel Xperience Club Sunrise Select Royal Makadi bij de Egyptische badplaats Makadi Bay. Langs het strand slaan we af en rijden een laan op. Wauw, het lijkt wel een sprookje: sfeervolle lichtjes langs het kronkelende weggetje en een imposant gebouw doemt op, feeëriek verlicht met gekleurde sterren. De buschauffeur stopt. "Is dit allemaal voor ons?", verbazen we ons. Oké, we hadden een vijfsterrenhotel geboekt, maar dit overtreft alles,' vertelt de familie Janssen uit Deurne.

'De entreehal is al even imponerend: sfeervolle zitjes, een lange vijver die onder mooie bogen kronkelt. De tweepersoonskamer

Altijd actuele weersverwachting bij de hand

'Je wilt tijdens de vakantie graag weten wat voor weer het wordt en hoe de vooruitzichten zijn. Vaak moet je dan een lokale krant kopen of surfen op internet. Ik heb de actuele weersverwachting altijd bij de hand. Ik neem gewoon een elektrisch weerstationnetje mee op reis.'

R. van der Pool, Lisse

met tussendeur is ideaal voor ons gezin met drie kinderen. De kamers zijn mooi aangekleed, de handdoeken voor de kinderen waren in uiteenlopende diervormen gevouwen. De volgende dag alle tijd om ons "sprookjeshotel" te verkennen. Deze fonkelnieuwe vakantieoase ligt aan het rustige strand van Makadi Bay en telt 481 kamers. Je kunt het zo gek niet bedenken of het is er; van speeltuin tot babysitservice en van à la carte restaurants tot verwarmd zwembad in het voorjaar.

Fraaie landschapszwembaden, mooi aangelegde tuinen en een huisrif met prachtige koralen en duizenden vissen in de meest uiteenlopende formaten en kleuren completeren dit aardse paradijs. We hebben een boottocht op de Rode Zee gemaakt en het onbewoonde eiland Mahmya bezocht. Schitterende witte stranden en azuurblauwe zee. Indrukwekkend was een dagtrip naar Luxor, een lange tocht in konvooi door de woestijn. Het begeleid snorkelen was voor ons en de kinderen een ervaring op zich. Na een week terug naar Nederland, een abrupt einde aan ons sprookje. We dagdromen nog regelmatig over Makadi Bay.'

Dubai: luxe paradijs en bouwput in woestijn

De Verenigde Arabische Emiraten hebben drie dingen in overvloed: olie, woestijnzand en luxe hotels. Met de oliedollars lijken de bomen tot in de hemel te groeien. Midden in de woestijn staan peperdure hotels, immense shoppingcentra, inclusief overdekte skipiste. In Dubai staat ook Burj al Arab, het enige zevensterren hotel ter wereld. Maaike Hekerman (26) en haar even oude vriend John Beskers uit Bergen op Zoom keken tijdens een achtdaagse reis hun ogen uit. ‘We zijn beslist niet rijk, maar profiteerden van een heel scherpe aanbieding. Een buitenkansje’, zegt Maaike.

‘Voor onze trip betaalden we slechts 1600 euro. We verbleven in het vijfsterrenhotel Ras al Khaimah. De prijs is normaal gesproken zeker het dubbele, maar omdat dit nieuwe hotel niet helemaal klaar was, konden we ons voor een prikkie in weelde wentelen. Meestal kiezen we een bestemming naar Mallorca of Kreta en we vonden het gaaf om iets totaal anders te boeken. Eigenlijk hadden we geen idee wat ons te wachten stond. De Verenigde Arabische Emiraten maakten een verpletterende indruk. Dat begon al meteen bij aankomst. Tjonge, wat een verzengende hitte. Gemiddelde dagtemperatuur tijdens ons verblijf was 46 °C. Gelukkig koelde het ’s nachts wel flink af tot 39 °C, haha.

Goed op weg met caravan

'Als een caravan gaat slingeren, minder dan onmiddellijk vaart en houd het stuur recht. Het is belangrijk om direct krachtig te remmen. Een goede balans bij het laden van de caravan, juiste banden- en kogeldruk zijn belangrijk om het slingeren van de caravan tegen te gaan. Een aantal handige tips is te vinden op de site www.caravantrekker.nl Op deze website is ook informatie te vinden over speciale rijvaardigheidstrainingen voor caravanbezitters.'

Bert Wijnen, Valkenswaard

Handwasje 'draaien' in vuilniszak

'Als ik tijdens de vakantie een handwasje heb, stop ik deze in een vuilniszak. Ik doe er water en wasmiddel bij, knoop de zak dicht en leg het in de zon. Het water wordt vanzelf opgewarmd. Als je wilt kun je de zak nog wat heen en weer draaien. Vervolgens even uitspoelen en klaar is Kees!'

Tilly Verwiel

Zonder airco is het leven er ondraaglijk, dus werkelijk in alles is een airco ingebouwd. Op straat en in de buitenlucht is het afzien. Niet vreemd dus dat je tijdens de vakantie weinig actiefs onderneemt. Op een terrasje duik je meteen onder de parasol en buiten is het alleen in het zwembad vol te houden. Niet dat je daardoor veel misloopt. De Verenigde Arabische Emiraten hebben weinig cultuur te bieden. We hebben een woestijnsafari gemaakt; nou, de enige cultuurhistorische bezienswaardigheid was een oude observatiepost van het leger.

Er zijn tientallen hotels in aanbouw. Dat gebeurt door duizenden bouwvakkers uit China, Pakistan en India. Ze dragen allemaal hetzelfde kloffie, worden 's ochtends in stoffige busjes naar de bouwlocaties gebracht en slapen in gammele onderkomens. Ja, het voelt best gênant als je die armoede ziet.

In ons hotel was alles tiptop geregeld. De kamer zijn voorzien van dubbele wastafels, bidet en ligbad, de roomservice staat 24 uur per dag voor je klaar en overal is vriendelijk personeel. Echt, je krijgt nog niet de kans om vier meter te lopen voor een drankje, of het wordt al gebracht. Voor ons was dit de hoofdvakantie, maar voor de meeste andere hotelgasten was het een tussendoortje. Mensen met veel geld. "We gaan straks nog drie weken naar Florida" of "New York was toch leuker" hoorden we om ons heen. Maar niet iedereen was zo bekakt, hoor.

Toeristen komen vooral naar de Verenigde Arabische Emiraten om er te shoppen. Echt, het is ongelooflijk hoeveel winkelcentra er zijn. Werkelijk alles is er te koop. Wij zijn in een overdekt winkelcentrum geweest met vierhonderd shops en in het midden een overdekte skihal met glazen wanden; daar keek je vanuit de winkels op de piste, waar gesluierde vrouwen aan het skiën waren. Heel vervreemdend.

Na acht dagen heb je het wel gezien. Het is een fantastische ervaring om het eens allemaal mee te maken, maar het is beslist geen land waar we nog een tweede keer naar toe willen.'

Een hemelse stek onder de Portugese zon

Quinta a Borboleta telt vier authentieke kleinschalige Portugese vakantiehuisjes, boven op een 250 meter hoge heuvel. Het uitzicht op de kustlijn van de Algarve is adembenemend. Het is het domein van Nancy van de Heijden (36) en Teun Kanters (40). In 1999 gooiden ze het roer om en vertrokken in een oude camperbus richting Portugal. Met veel bloed, zweet en tranen hebben ze een oude bouwval omgetoverd in een aards paradijsje; ze verhuren de huisjes aan vakantiegangers. 'Ach, we worden er niet rijk van, maar daar is het ons niet om te doen. Het leven in Zuid-Portugal is socialer en minder stressvol. Het heeft ons leven op een andere manier verrijkt', zegt Nancy.

'In 1986 waren we voor het eerst in Portugal. Het was liefde op het eerste gezicht. Toen al mijmerden we hoe het zou zijn om hier te wonen. Teun nam echter de rijdende SRV-winkel van zijn vader over en vier jaar later kwam ik erbij. Na twaalf jaar kozen we voor de horeca. We hebben een cafetaria, restaurant en cateringbedrijf gehad. Dat was dus echt veertien uur per dag in touw.

Teun vertelde dat hij tot zijn 55ste hard wilde werken om daarna van het leven te genieten. Ik zei tegen hem "als we zo doorgaan halen we de 55 niet eens…". Het was een keerpunt. We vroegen ons steeds vaker af waar wij mee bezig waren: de werkdruk, de stress en de bureaucratische regeltjes en rompslomp – het ging ons steeds meer tegenstaan. In 1999 hebben we de knoop doorgehakt, het personeel bij elkaar geroepen en verteld dat wij het roer gingen omgooien. Dat was een heel moeilijk moment, tranen rolden over vele wangen. We gaven een afscheidsfeest en in mei 1999 zijn we in een oude camperbus met onze hond naar Portugal vertrokken.

Best heel spannend om alles achter te laten. We zijn eerst naar de Portugese provincie Alentejo gereisd. Achttien jaar geleden leerden we er een leuk Engels stel kennen; ze runnen een kleinschalig appartementencomplex. We hebben er een week gewerkt tegen kost en elektriciteit voor onze camper. Het klikte niet echt meer en we zijn verder gereden naar Nederlandse vrienden. Deze mensen hadden een half jaar eerder Nederland voor-

goed verlaten, samen met de drie kinderen. We zijn er een week gebleven en toen verder gereden naar de Algarve.

Hier hebben we vier maanden rondgetrokken van camping naar camping en ondertussen overal een beetje gewerkt. Van dat geld konden we net een appartementje in Sesmarias huren. Wel lekker hoor, niet meer met een rolletje toiletpapier naar de wc te hoeven lopen. We kregen steeds meer contacten en ik vond een min of meer vast baantje bij een Nederlands appartementencomplex. Teun kreeg een job bij een bedrijf dat jeepsafari's organiseert. Door ons werk en de contacten met de lokale bevolking kregen we de taal steeds beter onder de knie. In onze vrije tijd verkenden we de omgeving en bezochten tal van makelaars, op zoek naar een eigen stekje. Na acht maanden hadden we de moed bijna opgegeven, toen we gebeld werden door een Nederlandse makelaar: "Ik heb jullie droomplekje gevonden", vertelde hij.

Na twintig minuten rijden over hobbelige zandpaden kwamen

we boven op een heuvel aan bij een roestige oude poort. Hierachter lagen vervallen gebouwtjes waarvan je hart niet bepaald sneller ging kloppen. Het uitzicht op de kustlijn was echter fantastisch, wauw, dit is echt een superplek! We konden bij de bank een lening afsluiten en maakten vervolgens de sprong in het diepe. Tja, en dan begint het... Met de Portugese aannemer hebben we na twee weken gebroken. Hij kwam altijd te laat en had vooral oog voor onze hond en de fles bier. We besloten zelf verder te gaan met een van zijn medewerkers uit Moldavië. Die heeft vervolgens twee zwagers uit Moldavië gecharterd en zo hebben wij twee jaar lang zeven dagen per week gezwoegd. De renovatie nam zo veel energie en tijd in beslag, dat we er niet aan toekwamen om ons bezig te houden met het beantwoorden van de vraag hoe we gasten konden werven voor ons paradijsje in wording. En juist op dat moment ontmoetten we iemand die net haar eigen reisbureautje Elizawashere (www.elizawashere.nl) was gestart. Ze richt zich op kleinschalige authentieke vakantieverblijven en was meteen verkocht. We waren er snel uit om onze accommodatie op haar website te plaatsen. Daarnaast hebben we onze eigen site www.quintaborboleta.com. In april 2002 ontvingen we de eerste gasten en werd onze droom werkelijkheid.

In de zomermaanden hebben we vooral gasten tussen de 25 en 45 jaar, in het laagseizoen veel 45-plussers. De mensen zijn allemaal zeer enthousiast en dat maakt ons werk natuurlijk heel prettig. Iedereen is in vakantiestemming, de sfeer is perfect. Nee, negatieve aspecten hebben we nog niet ontdekt. Het is hard werken, maar wel relaxed en altijd zijn er de Portugese zon en aangename temperaturen. We raken steeds meer ingeburgerd. Het zijn hartelijke en behulpzame mensen. Wat het leven verder aangenaam maakt, zijn de prachtige stranden en het feit dat je hier heerlijk kunt eten en drinken. Met uitzondering van de koude maand januari zijn we het hele jaar door geopend. Als we dicht zijn zoeken we zelf een warme stek op.

Ja, natuurlijk hebben we nog wel contact met Nederland. De band met familie en vrienden is zelfs hechter geworden. Als er bezoek uit Nederland overkomt, betekent dit wel een reis van 2800 kilometer. De meesten blijven daarom een weekje en dan is er alle ruimte om bij te praten. We missen eigenlijk alleen de

Gratis verkeersbordenbingo houdt kinderen zoet

Een supertip én gratis te downloaden: de verkeersbordenbingo voor kinderen. Een leuk spelletje dat de kids tijdens de vakantiereis in de auto uren zoethoudt. De bedenkster is Marjolijn Haller. 'Ik heb het ooit bedacht voor mijn eigen dochtertje. Het idee is simpel en voor alle leeftijden. Als je een verkeersbord ziet, meld je dat hardop. Vervolgens mag iedereen die dit bord op zijn bingokaart heeft staan, deze afstrepen. Wie als eerste horizontaal, verticaal of diagonaal vijf op een rij heeft afgestreept, is de winnaar. Naast verkeersborden staan er ook afbeeldingen op van dieren en andere voorwerpen die je vanaf de weg kunt waarnemen. Op mijn website www.gratispuzzelen.nl/kids/bingo/bingo2.htm zijn de bingokaarten gratis te downloaden. Even uitprinten en ze kunnen mee in de auto. Ik heb ook bingokaarten gemaakt met verkeersborden en voorwerpen die thuishoren in België en Frankrijk.'

Marjolijn Haller, Voorschoten

Hollandse kroegjes, Brabantse gezelligheid en pudding. Maar ja, waar hebben we het over? Dat kan toch niet op tegen deze hemelse plek onder de Portugese zon!'

En toen begon de caravan te slingeren...

'Het was 5 uur in de ochtend, startklaar voor vertrek naar Italië. We hadden de caravan van mijn ouders achter de trekhaak. Ja, natuurlijk beloofd er goed mee om te gaan. Mijn vader was zuinig op z'n caravan, altijd tiptop onderhouden,' vertelt Joyce Koning ter Heege uit Harmelen. 'Omdat ik regelmatig een auto met paardentrailer bestuur, kroop ik voor het eerste deel van de reis achter het stuur. In Luxemburg onze eerste stop en even tanken. Mijn man nam het stuur over en reed met een snelheid van tachtig kilometer de snelweg op. En toen begon de caravan te slingeren...

Hij probeerde tegen te sturen, maar dat werkte averechts. De caravan was volledig "op hol" geslagen. We zagen ons onderkomen plots zelfs naast onze auto verschijnen. Vervolgens draaide de caravan om z'n as, we schoten van rechts naar links de snelweg over. De caravan schoof op z'n kant, knalde tegen de vangrail en kwam daarna tot stilstand. Een enorme paniek. Gelukkig hadden we

zelf niets. Zelfs ons 2-jarig dochtertje Sharon had geen schrammetje. Tja, en dan sta je daar op de snelweg met je verongelukte caravan.

Een onvoorstelbare ravage. De bagage lag uitgestrooid over de snelweg. We hadden een nieuwe voortent gekocht, de tent zat nog keurig in de verpakking in het wrak, de tentstokken lagen verspreid over tientallen meters op de snelweg. Er stopte een Nederlander die in Luxemburg woont en die bood aan om mij en m'n dochtertje op te vangen. We zijn ingestapt en zijn vier uur bij deze familie geweest. Mijn man heeft in de tussentijd met de hulpdiensten de aftocht van auto en caravanwrak geregeld. We hebben 's nachts in een hotel geslapen en zijn de volgende dag opgepikt door mijn zus, die ons naar huis bracht.

Wat is er zo aantrekkelijk aan all-inclusivehotels?

1. Je hebt de kosten beter in de hand 49%
2. Lekker makkelijk 45%
3. Het eten is zo goed 4%
4. De animatie is zo leuk 2%

Bron: bezoekers Zoover.nl

Tja, en dan moet je je ouders vertellen dat de caravan total loss is en onze eigen auto 5000 euro schade heeft. "Wat komen jullie doen?", was hun eerste reactie. Ze waren echter allang blij dat wij er zelf zonder kleerscheuren vanaf zijn gekomen. We hadden de caravan niet verzekerd, dus dat was nog een extra ramp. Mijn ouders zijn op leeftijd en wilden geen nieuwe caravan. Maar ja, het blijft toch knagen.

We hebben ons suf gepiekerd hoe het bij zo'n lage snelheid mogelijk was dat de caravan ging slingeren. Ik denk dat we verkeerd hebben ingepakt, waardoor het gewicht niet goed was verspreid en de caravan op drift raakte. Dat overkomt je geen tweede keer meer, maar eerlijk gezegd hebben we het helemaal gehad met een caravan. De hagelnieuwe voortent hebben we zelfs gratis teruggebracht naar de vrijetijdswinkel. Nog steeds krijg ik het Spaans benauwd als ik op de snelweg een caravan zie slingeren.'

Elke vakantie een fietsetappe van 2000 kilometer

Joke (50) en Bruun (51) van de Laar fietsen elke zomer hun eigen Tour de France. In vijf weken trapt het echtpaar uit Barneveld op een Gazelle Medeo Trekking ieder zo'n 2000 kilometer bij elkaar. Niet alleen Franrijk is inmiddels vertrouwd gebied, ook Florence, Barcelona en Nitra (Slowakije) hebben kennisgemaakt met de viereenheid uit Nederland. 'Op de fiets krijg je veel meer mee van de omgeving. Je legt bovendien sneller contact; streekbewoners verbazen zich en doen vaak iets extra's,' vertellen Joke en Bruun.

'Toen de kinderen nog klein waren, hebben we veel wandelvakanties gedaan. In 2003 ging onze eerste fietsvakantie naar het Franse St. Marie-de-la-Mer. Dat beviel zo goed, dat we vanaf dat moment elk jaar een fietsvakantie doen. Het vergt wel een goede voorbereiding. Enkele maanden voor de zomervakantie maken we in het weekend lange meerdaagse fietstochten in eigen land. De eerste week van onze fietsvakantie beschouwen we als een trainingsweek. Dan is het echt wennen aan bijvoorbeeld een nieuw zadel. Aan het materiaal en de bagage die we meenemen worden hoge eisen gesteld.
We hebben 9 AGU-fietstassen, een lichtgewichttent van Hilleberg en selfinflatable matjes.

De bandenkeus is uiteraard belangrijk. We kiezen voor de Schwalbe Marathon en hebben slechts één keer in al die jaren een lekke band gehad. We vervangen wel jaarlijks de achterband tijdens een onderhoudsbeurt. Alles wat je meeneemt moet je trappen, dus het is wikken en wegen. Twee extra glazen voor een goed glas wijn horen er echter wel standaard bij! En hoewel boeken natuurlijk een flink gewicht in de schaal leggen, gaan ook die mee. Om het gewicht tot een minimum te beperken, scheuren we de pagina's na het lezen uit het boek. Zo wordt het boek steeds dunner en lichter, haha.

De fietservaringen onderweg zijn zonder uitzondering geweldig. Leuke ontmoetingen met streekbewoners, onderweg lekker eten en genieten van een goed glas wijn. Kilometers over onverharde wegen, maar ook over prachtig asfalt. We hebben over jaagpaden gereden, maar ook adembenemende bergpassen als de Oostenrijkse Arlbergpas (1802 meter) bedwongen. We kamperen altijd en 's ochtends staan we rond zes uur om het tentje af te breken. Ontbijten doen we op de camping of onderweg. 's Middags zoeken we weer een camping op. Zelfs op overvolle campings is er altijd wel plek voor ons, omdat we geen auto bij ons hebben.

Omdat je op de fiets bent, lokt dat veel reacties uit. Mensen maken een praatje en als we bijvoorbeeld bij een particulier onze bidon met water willen vullen, levert dat vaak iets extra's op. In de omgeving van Frankfurt vroegen we aan een Duitser of hij een kortere route wist. Hij is vervolgens dertig kilometer met ons meegefietst en heeft heel zijn levensloop verteld. Prachtig toch? Duitsland is sowieso een prachtig fietsland met perfecte fietspaden, aardige mensen en mooie gebieden. Frankrijk is ook prima, maar het kan er heel erg heet zijn. Ondanks de bergen zijn Oostenrijk en Zwitserland best goed te doen. We kiezen er bewust voor om naar het oosten en zuiden te fietsen; lekker de zon in je gezicht. Om die reden laten we Noord-Europa links liggen.

Of we de routekaarten al vervangen hebben voor een TomTom? Nee hoor, en dat gaat ook niet gebeuren. De routeboekjes en fietskaarten horen er helemaal bij. Er staat bovendien veel extra informatie in. En zo'n TomTom is diefstalgevoelig. Het zal je maar gebeuren dat hij gestolen wordt, dan sta je pas echt raar te kijken.'

Gasten maken website over hun favoriete hotel

Het moet de droom zijn van elke hoteleigenaar: gasten die zo tevreden zijn dat ze een eigen website maken waarop ze de accommodatie jubelend onder de aandacht brengen. De familie Gunes, eigenaar van hotel Bilkay in het Turkse Alanya, is het overkomen. Peer en Patries Swinkels uit Eindhoven zijn de initiatiefnemers van de website www.bilkay.ismooi.nl 'We hebben al zesduizend bezoekers begroet en het heeft het hotel vorig jaar tien extra reserveringen opgeleverd,' vertelt het duo enthousiast.

In het dagelijks leven zijn ze vrachtwagenchauffeur en schoonmaakster, maar als het even kan, gaan ze richting Turkse zon en hotel Bilkay. Op de website staan tal van foto's van het personeel en het hotel. De eigenaren Gunes en de zussen Elvan en Nurhan nemen op de site uiteraard een prominente plek in: 'Zeer gastvrije mensen, niets is ze teveel'. Op de website is verder te lezen dat het een driesterrenaccommodatie is met

55 tweepersoonskamers en vijf suites. De afstand tot het strand is honderd meter. Er staat zelfs informatie op hoe en waar hotel Bilkay te boeken is. ‘Nee, nee, we ontvangen geen provisie, hoor,’ bezweren ze.

Door de website is er een heuse Nederlandse enclave in hotel Bilkay ontstaan. ‘Velen komen ieder jaar terug en er zijn tal van onderlinge vriendschappen ontstaan. Zeventig procent van de hotelgasten is nu Nederlands. De website is ook na de vakanties een ontmoetingsstek voor de vaste gasten. Zo houden we een verjaardagskalender bij en uiteraard heeft de website een gastenboek. Ieder jaar houden we in Nederland een reünie voor Bilkayfans. De afgelopen keer waren we met dertig gasten. Als het even kan, is ook de hoteleigenaar van de partij. Echt, geweldig gezellig.’

In hotel Bilkay zoeken de vaste bezoekers elkaar veelvuldig op. ‘Rond vier uur gezellig borrelen, daarna gaat iedereen een hapje eten. Sommigen zie je daarna niet meer terug, met anderen is het lekker doorzakken tot in de kleine uurtjes.’
Een noviteit zijn de naamplaatjes die op een muur van het hotel prijken. ‘Alle vaste gasten kunnen een eigen naamplaatje kopen waarop staat vermeld wanneer ze hier voor het eerst waren. Of andere hotelgasten zich aan ons storen? Ach, niet iedereen vindt het leuk om samen op te trekken en dat hoeft ook niet. Iedereen is vrij om te gaan en te staan waar hij wil. Dat is het vakantiegevoel.’

Geen geld, maar momenten verzamelen

Ton Stegers uit Landgraaf is er voor zichzelf wel uit waar het in het leven om draait. ‘Je moet geen geld verzamelen, maar zo veel mogelijk momenten. Ik reis al 35 jaar. Soms met mijn partner, maar ook vaak alleen. Het voordeel van reizen in je uppie is dat je contacten moet leggen en dat levert extra ontmoetingen en ervaringen op.’

Hij heeft zelfs een speciale website gemaakt (www.tonstegers.nl) waar veel reisverhalen en schitterende fotoverslagen op staan.

Meer dan vijftien Griekse eilanden, Turkije, Berlijn, Jordanië, Israël en motorvakanties; het staat er allemaal op. 'Ik maak twee tot drie grote reizen per jaar. Natuurlijk kost het een boel geld, maar door veel op internet te surfen, probeer ik de reizen zo goedkoop mogelijk te houden. Daarnaast geef ik in het dagelijks leven geen geld uit aan onzinnige dingen. Ik investeer mijn geld liever in nieuwe momenten en ontmoetingen.'

Op zijn reissite staat een gastenboek met reacties van tientallen mensen. 'Ik ben mijn website begonnen om een eigen agenda bij te houden en mijn reizen na afloop nog eens te herkauwen. Dat is wel een beetje uit de hand gelopen. Mijn site wordt druk bezocht, het is fantastisch om mooie ervaringen en foto's met anderen te delen! Er worden bovendien veel reiservaringen uitgewisseld. De laatste jaren zijn mijn partner Ria en ik helemaal verliefd op Afrika. We hebben in Kenia op het strand Martin leren kennen, een arme sloeber die probeert z'n brood te verdienen als reisgids. We proberen via onze website mensen met hem in contact te brengen. Ja, dat lukt heel goed. Prachtig toch om op die manier een steentje bij te dragen in zijn levensonderhoud?

Het fascinerende aan Afrika en Kenia is dat de mensen ondanks de armoede zo tevreden en optimistisch zijn. Als je dat afzet tegen de westerse samenleving... De natuur van Afrika is overdonderend. Ik vergeet nooit het moment dat we plots oog in oog stonden met een groep olifanten.' Maar ook dichter bij huis kan Ton genieten. 'Een klein geïmproviseerd Grieks terrasje waar lokale muzikanten muziek maken – zo recht uit het hart, puur. Imponerend om te zien was ook een steenzetter op Santorini die met duizenden zwarte en grijze lavasteentjes een mozaïekpad aan het leggen was.

Een van de leukste ervaringen had ik op de boot van Ancona naar Patras. Ik raakte in gesprek met een Grieks echtpaar. Ze werkten in Duitsland en gingen twee maanden per jaar naar hun huis op Zakyntos. Het klikte geweldig en ik móest een week in hun huis doorbrengen. Toen ik na zeven dagen vertrok namen we huilend afscheid. Tot mijn verbazing gaven ze me een huissleutel: "Je mag komen wanneer je maar wilt". Het zijn vrienden voor het leven geworden, ik heb er al vaak overnacht.'

Gezin overleeft lawine in Galtür en bomaanslag in Egypte

Tijdens vakantie kun je op het verkeerde moment op de verkeerde plek belanden. De familie Vermeij uit Rotterdam keek de dood twee keer in de ogen, maar kwam met de schrik vrij. In Galtür overleefde het gezin de lawine waarbij 37 mensen om het leven kwamen en enkele jaren later bleven ze ongedeerd toen er tientallen doden vielen bij bomaanslagen in de Egyptische badplaats Sharm el-Sheikh. 'Het verandert je leven ingrijpend. We proberen zo veel mogelijk te genieten en ons niet druk te maken om bijzaken. Uit angst niet meer op vakantie gaan is geen oplossing. In je eigen straat kan toch ook een gasleiding exploderen?', vindt Manon (46).

'Toen we uit Rotterdam wegreden, sneeuwde het al dagen in de Oostenrijkse Alpen. Galtür was van de buitenwereld afgesloten, maar uitgerekend op onze aankomstdag was de weg weer even open. Opgelucht kwamen we aan in ons appartement, dat was ondergebracht in een verbouwde boerderij. Het lag tweehonderd meter boven het dorpje en vanuit de boerderij had je een adembenemend uitzicht over Galtür. De volgende dag, zondag,

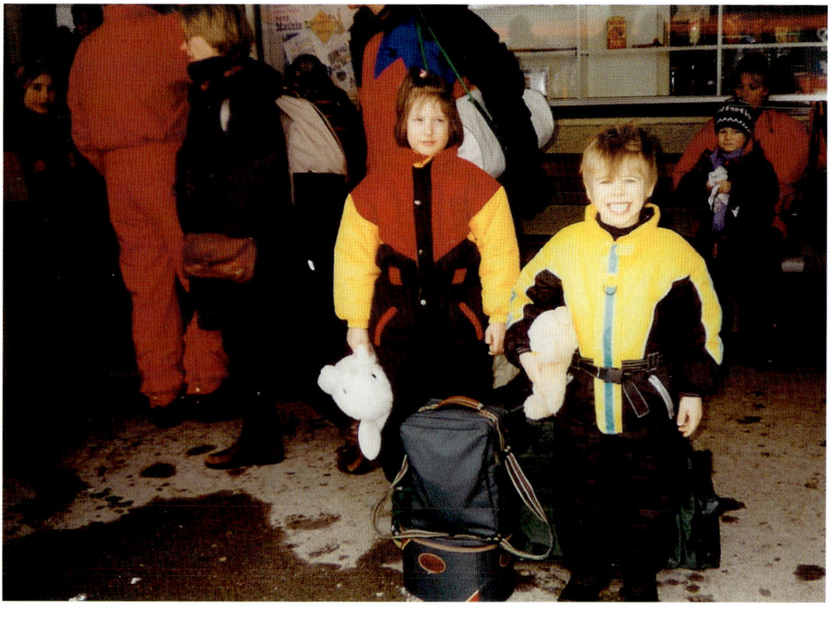

begon het opnieuw onafgebroken te sneeuwen en stormen. Echt, je weet niet wat je meemaakt: het zicht was nog geen vier meter en dat ging zo anderhalve week door. Natuurlijk slaat de verveling toe, want je kunt nauwelijks een stap buiten de deur zetten. Dinsdag ging de sneeuwstorm eindelijk liggen. Er werd meteen iets op het dorpspleintje georganiseerd voor de kinderen, daar zijn we met z'n allen naar toe geweest. Omdat ik het koud kreeg, besloten we terug te lopen. Vanwege de metershoge sneeuw die er lag, was dat al een pittige tippel.

We waren net twintig minuten thuis en ik stond nog na te rillen van de kou. Om 16.00 uur een enorme dreun. Ik wilde een raam opendoen, maar door een enorme luchtdrukverplaatsing ging dit niet. We keken naar buiten: we zagen alleen maar wit. Het dorpje onder ons was verdwenen. Plotseling ontdekte ik rond de boerderij allemaal afgeknapte naaldbomen. Op dat moment stormde de eigenaar binnen: "Er is een ongekende ramp gebeurd," stamelde hij. Als door een wonder waren onze boerderij en twee naastgelegen woningen niet door de lawine getroffen. Maar dat kwam doordat er achter de drie huizen een imposant rotsblok staat; de lawine denderde recht op onze woning af, maar werd gebroken door dit rotsblok. Vervolgens werd de lawine door de rots als een soort breekijzer opgesplitst: links en rechts van ons raasde de lawine met 200 kilometer per uur over een breedte van 800 meter verder naar beneden.

Naderhand hoorden wij dat de drie woningen in de zogeheten veilige groene zone liggen, door het rotsblok gevrijwaard van lawinegevaar. Nee, natuurlijk wisten we dit niet bij de reservering. Er heeft echt een zwerm engeltjes boven onze hoofden gezweefd. Ik ontfermde mij over de kinderen, Noor (7) en Ties (5). Arjan, mijn man, is samen met de eigenaar naar beneden gerend om te helpen bij de reddingsactie. Onbeschrijflijk wat een chaos en wanhoop. Omdat Galtür volledig van de buitenwereld was afgesloten, konden er geen reddingswerkers worden ingevlogen. Dorpsbewoners en toeristen hebben schouder aan schouder geholpen. Arjan heeft tot drie uur in de nacht gezocht naar overlevenden, met stokken in de sneeuw geprikt om mensen die onder de sneeuw bedolven lagen op te sporen. In de beginuren werden er nog veel vermisten gered, later werden er uitsluitend overleden slachtoffers gevonden.

De volgende ochtend was het zicht verbeterd en konden de reddingshelikopters eindelijk landen. Vanuit ons appartement keken we zó op het verdwenen dorpscentrum en de hulpacties. Helikopters die af- en aanvlogen, reddingshonden, het leger en tientallen hulpverleners; het ontvouwde zich allemaal voor onze ogen op enkele honderden meters afstand. Onwerkelijk, alsof je naar een film kijkt. Je praat er samen over, meer kun je niet doen. Gelukkig reageerden de kinderen best goed. Je bent vooral dankbaar dat je – als door een wonder – ongedeerd bent. Om 12.00 uur konden we met een helikopter weg. We mochten slechts twee tassen meenemen. 's Avonds waren we terug in Rotterdam. Je zet de televisie aan en ziet beelden uit de hel waar je enkele uren eerder zelf nog middenin zat – zo heftig en onwerkelijk. Je hoort dat er 37 mensen zijn omgekomen, onder wie de vaders van twee gezinnen uit Groenlo. Met een van hen heb ik kort voor de ramp nog gesproken; hij wees me op enkele berggemzen verderop... Ook de vier kinderen van de twee gezinnen zijn omgekomen. Alleen de twee moeders hebben de lawine overleefd; zij waren op het moment van de ramp niet in het hotel, maar boodschappen doen.

De ANWB heeft de auto en de overige bagage opgehaald. We zijn enkele maanden later, in mei, naar Galtür teruggegaan.

Weet je, er kwam zo'n abrupt eind aan ons verblijf in Galtür, we wilden het op de een of andere manier op een goede wijze afsluiten. Dat viel niet mee. Toen we Galtür binnenreden lag er nog steeds sneeuw, restanten van de dodelijke lawine; dan komt alles weer heel dichtbij. We zijn een week naar ons appartement geweest. Het was fijn om de eigenaar opnieuw te ontmoeten en we hebben uiteraard veel gepraat. Het was onze manier om het een plekje te geven en het hoofdstuk Galtür af te sluiten.

Vorig jaar opnieuw een afschuwelijke ervaring tijdens een veertiendaagse zomervakantie in het Dreams Beach Resort in de Egyptische badplaats Sharm el-Sheikh. Op de vijfde dag gebeurde het. We lagen te slapen toen ik wakker werd van een luidruchtige knal. Ik dacht even aan een feestje. Kort daarop een tweede knal en toen een enorme dreun. Ik dacht echt dat de ruiten uit de sponningen waren gesprongen. Op nog geen vijf kilometer afstand van ons hotel waren bij twee hotels autobommen afgegaan. Een enorme chaos: 88 doden en honderden gewonden. De aanslagen werden opgeëist door een groepering die gelieerd is aan Al-Qaeda. De reisleiding kwam de volgende ochtend in ons hotel om neuzen te tellen.

Iedereen moest binnen blijven. Op het vliegveld was het een chaos. Duizenden toeristen probeerden Sharm el-Sheikh zo snel mogelijk te ontvluchten. De Duitse en Engelse regeringen riepen toeristen op naar huis terug te keren; de Nederlandse autoriteiten gaven geen negatief reisadvies, maar toch wilden veel landgenoten weg. Wij besloten te blijven. Enerzijds ingegeven door de enorme chaos op het vliegveld, anderzijds lost het niets op om te vertrekken. De rest van de vakantie brachten we noodgedwongen in ons resort door. Zeker 40 procent van alle toeristen is weggegaan. Het leverde onwerkelijke beelden op: zo loop je op een overvol strand te zoeken naar een ligbed, even later is alles verlaten en heb je de strandstoelen voor het uitkiezen. De busrit van ons hotel terug naar het vliegveld zal ik nooit vergeten. We reden langs de puinhopen, maar die waren helemaal afgeschermd met grote doeken. De weg naar het vliegveld werd beveiligd door duizenden militairen; echt, om de dertig meter stond een soldaat, en dat kilometers lang.

Natuurlijk krab je jezelf wel achter de oren als je op vakantie tot twee keer toe oog in oog staat met de dood. Ik zie veel meer de betrekkelijkheid van de dingen in, en dat geldt voor ons hele gezin. Zó ben je er en zó kan het gebeurd zijn. We proberen ons niet druk te maken om bijzaken en zo veel mogelijk te genieten van het moment. Toch ben je geneigd weer snel je oude gewoontes op te pakken en te stressen, maar gelukkig is er dan iets in mijn hoofd wat me corrigerend een halt toeroept. Het klinkt misschien raar, maar uiteindelijk hebben de twee rampen ons leven rijker gemaakt.'

Griekenlandfans importeren olijfboom

Wat doe je als je helemaal gek bent van Griekenland en het liefst dagelijks een stukje mediterrane sfeer snuift? Jacques Hofstede en Paulien Gozeling uit Groenlo bedachten daar een mooie oplossing voor: zij importeerden een vijfhonderd jaar oude olijfboom van maar liefst 3500 kilo. Met een hoogwerker werd de blikvanger in hun tuin getakeld en op z'n plek gezet. Je moet er wel iets voor over hebben, want er hangt een prijskaartje aan van 2000 euro.

'En dan heb je nog niet eens een echte Griekse olijfboom, maar een uit de Spaanse Pyreneeën. Vanwege hun leeftijd zijn deze bomen voor de olijvenproductie niet meer interessant en een bedrijf uit Losser importeert ze naar Nederland. Het bijzondere van olijfbomen uit de Pyreneeën is dat ze tot hoog in de bergen groeien en winterhard zijn. Dat maakt ze geschikt voor het Nederlandse klimaat. Een Griekse olijfboom zou het in ons kikkerlandje niet redden,' vertelt het duo.

'We gaan al jaren naar Griekenland en voelen ons er helemaal thuis. Daar hoort uiteraard de olijfboom bij; die grillige vormen en knoesten, prachtig. We hebben er tientallen foto's van gemaakt.'
De komst van de olijfboom is in de buurt niet onopgemerkt voorbijgegaan. Niet alleen door de komst van een hoogwerker, maar Jacques en Paulien hadden de buurt uitgenodigd om te komen kijken. 'We hebben getrakteerd op brood en olijven. We hopen over twee jaar onze eerste eigen olijven te oogsten. Ja, we

hebben alle vertrouwen dat de boom aanslaat. We hebben er een jaar garantie op en de wortels staan in een mix van aarde, turfmol, bloedmeel en gedroogde koemest, dat moet voldoende zijn.'

De passie voor Griekenland blijft niet tot de olijfboom beperkt. In de tuin staan Griekse beelden en vazen en een mediterraan muurtje is in aanbouw. Binnen vormen enkele muren een replica van vervallen Grieks stucwerk. 'Kijk, dit stenen detail heb ik gefotografeerd en mijn zwager heeft het vervolgens op het stucwerk geschilderd,' vertelt Jacques trots. Zelfs de badkamer ontkomt niet aan de Griekse sfeer; wandvullend staat er een geschilderde druiventros op afgebeeld. Het tekent een beetje schril af tegen het hypermoderne gasfornuis, beneden in de keuken: 'We zoeken nog een Griekse stenen bakoven...'

'Jij bang zijn, hè?'

De brute verkrachting van drie Nederlandse toeristen in Turkije en de moord op een van hen, was enkele jaren geleden in Nederland en Turkije dagenlang voorpaginanieuws. Daar bleef het niet bij. Veel toeristen die een reis naar Turkije hadden geboekt wilden die annuleren. Het drama speelde zich af bij Alanya. De drie Nederlandse vriendinnen, toen in de leeftijd van 27 tot 35 jaar, werden door drie Turken ontvoerd, verkracht en mishandeld. Een van de vrouwen werd neergestoken en in het ravijn gegooid, de twee andere vriendinnen overleefden het gruwelijke misdrijf door zich dood te houden. Een van de veroordeelde daders bleek een taxichauffeur.

Enkele weken na het vreselijke drama vertrokken André en Riana van de Wetering uit het Brabantse Lithoijen naar Turkije. Daar stond het stel doodsangsten uit; in een flits dachten ze in een soortgelijke 'hel van Alanya' te zijn beland.

'Onze vakantie in Bodrum begon met een hachelijke taxirit van het vliegveld naar ons hotel. De chauffeur reed als een bezetene, onderweg zagen we tal van autowrakken,' vertelt Riana. 'Met de schrik in ons hart kwamen we bij het appartement aan. 's Avonds gingen we naar het centrum en lieten ons met een taxi terugbrengen. Bij onze accommodatie aangekomen stapte André het eerst uit. Voordat ik het portier kon openen, gaf de chauffeur plankgas en stoof weg, met mij op de achterbank. Ik was panisch van angst. Personeel van de receptie zag het voorval gebeuren en stormde naar buiten. Na enkele honderden meters stopte de taxi. De chauffeur reed terug naar het appartementencomplex en zei met een vals lachje tegen mijn vriend: "Jij bang zijn, hè?" Het heeft onze vakantie volledig op z'n kop gezet. We gaan nooit meer naar Turkije.'

Neem je paspoort mee op een geheugenstick

Bij het inchecken van een hotelkamer of het huren van een auto wordt vaak gevraagd je paspoort of rijbewijs te overleggen. Meestal is een kopie voldoende. Een uitkomst is het om je persoonlijke documenten thuis op je computer in te scannen en deze te kopiëren naar een geheugenstick. Deze kun je overal op een usb-ingang inpluggen. Ook andere waardevolle informatie over medicijngebruik en beschrijvingen van kostbare artikelen die je tijdens de vakantie meeneemt, kun je hier op kwijt. Handig bij een diefstalaangifte of ziekenhuisopname. Je moet natuurlijk niet de geheugenstick zélf kwijtraken!

Raadpleeg teletekst op vertragingen

'Ik ben door schade en schande wijs geworden. Wij zijn dit jaar naar Egypte geweest en het vliegtuig vertrok niet om half zes, maar pas om twaalf uur vanaf Schiphol. Verschrikkelijk. Achteraf bleek dat de vertraging al uren op teletekst stond aangekondigd. Dus check kort voordat je van huis vertrekt nog even teletekst om te kijken of je vlucht vertraging heeft. Het scheelt een hoop ergernis en uren rondhangen op Schiphol.'

Karlijn van Campenhout, Garderen

Fotofilmkokertje als handige bewaarplek

'Voordat mijn vakantie begint, ga ik naar de fotozaak en haal er gratis kokertjes waar fotorolletjes in hebben gezeten; die gebruik ik voor mijn medicijnen. Ik tel het aantal vakantiedagen uit en stop het aantal benodigde pilletjes, plus wat extra, in het kokertje; zo hoef ik niet langer allerlei medicijnflesjes en doosjes mee te zeulen. Daarnaast koop ik toiletartikelen in een reisverpakking; scheelt enorm in gewicht en ruimte.'

Tonny de Haas

Griekse gastvrijheid kent geen grenzen

Iedereen heeft het wel eens meegemaakt of kent de verhalen: je bent op vakantie en komt in contact met de gastvrije hoteleigenaar die je uitnodigt voor een bezoekje bij hem thuis, of een fraaie rondrit door onbekend gebied. Willem en Enny van Schuppen uit Zeist vielen op het Griekse Kreta met hun neus in de boter.

'We komen al jaren in een appartementenhotel in het kleine bergdorpje Koutouloufari. Manager Iraklis is een zeer gastvrij man. Hij nodigde ons uit "even" mee te gaan naar zijn geboortedorp Venerato. Iraklis heeft er een eigen kroeg, waar we gezellig iets hebben gedronken. Op zijn voorstel gingen we met hem mee verder de bergen in naar een vriend. We kwamen uit op een onherbergzame plek bij een oud pandje. De vriend had het omgetoverd tot een wijnproeverij en restaurantje. De sfeer was intiem, bijna sprookjesachtig, en er waren uitsluitend lokale gasten aanwezig. Alleen de keuken beschikte over elektriciteit; daar stond opa te koken.

We hoefden niets te bestellen, allerlei soorten eten en schotels werden op tafel gezet. Tegen de muur stonden enorme wijnvaten en je kon zelf een karaf pakken en wijn tappen. Plots kwam er een man in oude Griekse klederdracht binnen en begon gedichten voor te dragen. Na afloop kreeg hij een bord eten voorgezet en daarna vertrok hij geruisloos. De eigenaar nam het stokje over en begon muziek te spelen. Alle Grieken zongen uit volle borst mee, op één vierkante meter werd volop gedanst. We hadden tranen in de ogen van ontroering; wat een geweldig mooie belevenis! Om drie uur 's nachts verlieten we met de eigenaar en Iraklis het pandje, we dachten op weg naar huis. Maar nee, we sloegen een ander weggetje in. In het holst van de nacht kwamen we uit bij een rakistokerij. Om half zes 's ochtends waren we terug van de uitnodiging van Iraklis om "even" met hem zijn geboortedorp te bezoeken. Waanzinnig dat wij dit mochten meemaken.'

Isabel raakt met www.ziedewereld.be nooit uitgekeken

Als ze niet werkt of op reis is, kruipt de 29-jarige Isabel van den Broeck uit Turnhout het liefst achter de computer om reisherinneringen op te halen met haar website www.ziedewereld.be. Op de site, die de Belgische helemaal zelf heeft gemaakt, staan tientallen foto's en reisverslagen over bestemmingen die Isabel heeft bezocht. 'We leven in een jachtige wereld, reizen geeft je een gevoel van vrijheid.'

'Ik werk bij de rechtbank in Turnhout, maar als het even kan, boek ik een trip. Soms reis ik in m'n uppie, andere keren met een reisgezel. Hoeveel landen ik heb bezocht? Spanje, Marokko, Turkije, Egypte, Hongarije, Zwitserland, Griekenland, Oostenrijk en Brazilië. Enkele landen heb ik meerdere keren bezocht. Ik probeer het altijd zo low budget mogelijk te houden, dus surf ik veel op internet naar de goedkoopste reis en

vliegtickets. Brazilië is mijn favoriete bestemming. Fantastisch wat het land allemaal te bieden heeft: drukke en verlaten stranden, bergen, bossen, watervallen en interessante steden. De Brazilianen zijn temperamentvol en gastvrij. Natuurlijk is er ook criminaliteit, met name in de grote steden is het oppassen geblazen; het zijn vooral jongeren onder de 18 jaar die het op je waardevolle spullen hebben voorzien. De donkerste kant van Brazilië is de enorme armoede waarin grote groepen mensen leven. Vooral in de steden is het echt schokkend als je daarmee wordt geconfronteerd. Je voelt je toch een beetje gênant als (relatief) rijke westerling.

Turkije komt in mijn top 5-lijstje op de tweede plaats. Ik ben er twee keer geweest. Het is niet alleen een goedkoop land, de mensen zijn er bijzonder vriendelijk en de natuur is er prachtig. Spanje was een bijzondere ervaring, vooral Barcelona. Samen met een vriendin het park van Gaudi bewonderd, maar we hadden ook oog voor de disco's. Egypte is een schitterend land om kennis te maken met de onderwaterwereld en mooie vissen; de bevolking vond ik soms minder aardig. Griekenland heeft vooral veel leuke kleine plaatsjes, gezellige muziek en blauwe zee. Marokko heb ik inmiddels vijf keer bezocht; fascinerend die Marokkaanse cultuur. Hongarije boeide mij het minst.'

De foto's en reisverslagen zijn allemaal terug te vinden op haar website. Waarom ze die gemaakt heeft? 'Ik volgde op een avondschool een studie informatica en daar hoorde webdesign bij. Iedereen kreeg de opdracht een eigen site te maken. Nou, over het onderwerp hoefde ik niet lang na te denken. Ik heb er meer dan 100 procent energie ingestoken. De reacties zijn heel positief en ik kreeg het hoogste cijfer van de klas. Leuk toch?

In mijn hoofd ben ik druk bezig met mijn volgende reis. Thailand lijkt me geweldig. Gewoon twee weken rondtrekken met een rugzakje en één week luieren. Australië lijkt me ook te gek. Maar ja, dat kost een paar duiten. Het zal voorlopig wel bij een droomreis blijven.'

Je hoofd leegwandelen door Saharawoestijn

Ja, het bestaat echt, een achtdaagse wandeltocht door de Saharawoestijn in Egypte. Kom bij de 50-jarige Guusje Kruis uit Soest niet aanzetten met de opmerking dat zo'n safari dodelijk saai moet zijn. 'De overgang vanuit het drukke Nederland naar de immense stilte en ruimte is overweldigend. Je wandelt je hoofd als het ware helemaal leeg,' vertelt ze lyrisch.

'Negen jaar geleden maakte ik voor het eerst kennis met de Saharawoestijn en ik was meteen verkocht. Tijdens een kamelentocht leerde ik de familie Abdellatif kennen en ik besloot terug te gaan. Omdat ik erg van wandelen houd, heb ik een voettocht door de woestijn gemaakt. Door mijn enthousiaste verhalen wilden steeds meer mensen met me mee. Uiteindelijk besloot ik mijn eigen reisbureautje Bedouïn Safari Tours op te richten. Dat doe ik naast mijn baan als klassiek homeopaat. Ik organiseer tien reizen per jaar, vier keer ben ik er zelf bij. Het is heel kleinschalig, maximaal tien deelnemers. Mohamed Abdellatif is de man die ter plekke alles voor mij regelt. Hij heeft auto's voor het vervoer van de spullen, huurt mensen in die voor ons koken en onderhoudt contacten met de gidsen. Ik ken de woestijn inmiddels goed, maar durf het nog niet aan om een hele week in mijn uppie een groep te leiden. Met de familie van Mohamed heb ik een warme vriendschapsband en ik logeer regelmatig bij hen.

Dagelijks loopt de groep 20 tot 25 kilometer. Het hangt een beetje af van de temperatuur en bodemgesteldheid. Het kwik kan in mei en september oplopen tot 40 graden Celsius en in januari 's nachts dalen tot het vriespunt. De deelnemers aan de Saharawandeltochten zijn mensen die graag lopen en van de natuur houden. De leeftijd varieert van 15 tot 78 jaar. Natuurlijk moet je wel een basisconditie hebben. Heel af en toe komt het voor dat iemand achterblijft en door een auto wordt opgepikt – niet echt leuk. Verder is het belangrijk om voldoende vocht te drinken en een petje op te zetten tegen de zon. We slapen 's nachts onder de sterrenhemel. Een bijzondere ervaring.

Ja, uiteraard zijn er veel mensen die de wenkbrauwen fronzen bij een wandelsafari over zo'n onmetelijke zandvlakte. Lopen door de woestijn gaat in een laag tempo en je hebt lang hetzelfde uitzicht. Dat is allemaal waar, maar juist daardoor word je een deel van de omgeving. De immense stilte en ruimte in combinatie met de lichamelijke inspanning zijn een bijzondere ervaring. Je wandelt je hoofd helemaal leeg. Frappant is dat je in het begin nog steeds op je horloge kijkt om te zien hoe laat het is en of we op koers van het tijdschema liggen. Na een paar dagen is dat helemaal weg. Overigens is het niet zo dat er in de woestijn geen variatie is: er zijn heuvels en bergen, rotspartijen en bergkristallen. Inmiddels heb ik zelf ruim dertig keer een tocht door de Sahara gemaakt en nog steeds word ik door de woestijn geraakt.'

Jeepsafari: een dode en zes gewonden

'Tot in de puntjes hadden we onze achtdaagse reis naar de Algarve in Portugal voorbereid; we hadden in Nederland via internet zelfs al een jeepsafari geboekt. Natuurlijk hadden we gevraagd of het geschikt was voor onze jonge kinderen, Steven Daniël (6) en Anoushka Rochelle (3). Dat was geen enkel punt,' vertellen Aniel Jokhoe en Sadhana Shantidebie uit Den Haag.

'Op de vierde dag werden we opgehaald bij ons vakantieverblijf in Albufeira en naar de centrale startplek gebracht. We vertrokken in vijf open jeeps; inclusief chauffeur in elke auto acht tot tien personen. De stemming was vrolijk en de tocht over glooiende heuvels schitterend. Ergens tussen de sinaasappelbomen hadden we een korte plaspauze. Onder aanvoering van onze jeep, waarin nog een Nederlands gezin met jonge kinderen zat, reden we in konvooi verder.

We reden een helling af en hoorden toen een enorme klap. We keken achterom: de 31-jarige Portugese chauffeur van de derde jeep had de macht over het stuur verloren. De jeep was over de kop gegaan en tegen een boom tot stilstand gekomen. Enorme paniek, verschrikkelijk... De bestuurder is ter plekke aan zijn verwondingen overleden. Overal zwaargewonden. Van alle kanten schoten de overige chauffeurs en toeristen te hulp. We hebben de kinderen zo veel mogelijk op afstand gehouden. We zaten in the middle of nowhere – het was een vreselijk slagveld. Onmiddellijk werden er hulpdiensten gebeld en binnen twintig minuten waren ambulances, politie en brandweer ter plaatse. Die minuten leken echter uren te duren.

Weer tien minuten later landde er een traumaheli. Die heeft twee zwaargewonden in kritieke toestand naar een ziekenhuis gevlogen. De rest bleef in totale ontreddering achter. We hebben elkaar onderling gesteund en opgebeurd. Wat wij heel fijn vonden, is dat de eigenaar van de jeepsafari's zowel ons als het andere gezin hoogstpersoonlijk naar het appartement terugbracht. Tijdens de rit kregen wij te horen dat het drama al op de Portugese televisie te zien was. Terug in het appartement 's nachts uiteraard geen oog dichtgedaan. De volgende dag kwam een medewerker van de jeepsafari naar ons toe om het deelnamegeld van 114 euro terug te geven. We hoorden dat de gewonden uit Engeland en Nederland kwamen en dat een aantal van hen er nog steeds zeer slecht aan toe was.

Uiteraard hebben we gevraagd naar de oorzaak van het ongeval. Uit het eerste onderzoek bleek dat er niets met de remmen was. Waarschijnlijk heeft de chauffeur toen hij van de helling reed willen bijremmen en is het vervolgens vreselijk misgegaan. Het drama stond breed uitgemeten in de Portugese kranten.

Het bedrijf organiseert sinds 1994 jeepsafari's en volgens de eigenaar is er nooit iets misgegaan. We hadden ook een uitstekende indruk van de bestuurders; leuke chauffeurs en zeker niet roekeloos. We zaten domweg op het verkeerde moment op de verkeerde plek. Natuurlijk zijn we ongelooflijk dankbaar dat wij niet in de derde jeep zaten – met de twee jonge kinderen, je moet er niet aan denken...

De laatste vier vakantiedagen stonden helemaal in het teken van het vreselijke ongeval. Het staat op je netvlies gebrand en komt steeds opnieuw voorbij. Met de kinderen gaat het best goed, maar we hebben er zelf, nu twee weken nadat het is gebeurd, nog veel last van. We hebben ons reisbureau geïnformeerd, maar dat toonde weinig belangstelling. Dat heeft ons diep geraakt. We hebben drie jaar geleden in Turkije voor het eerst een jeepsafari gemaakt. Dat was geweldig. En ook in Albufeira genoten we met volle teugen, tot het fatale moment. Nee, ons krijgen ze nooit meer mee met een jeepsafari.'

Kamperen bij gastvrije minister

Stel je voor: je reist door Nieuw-Zeeland en zoekt een camping, maar die zitten allemaal overvol. Vervolgens word je aangesproken door een vriendelijke man die je uitnodigt om op zijn prachtige terrein op een bergje te kamperen. Blijkt het Hon Dover Samuels te zijn, minister van Toerisme in Nieuw-Zeeland!

Het overkwam André van Dam en zijn vriendin Milka Springer uit Den Haag.

Ik heb de verzekering wel eens getild.

1. Nee, nooit gedaan 93%
2. Ja, teveel opgegeven 4%
3. Ja, geheel verzonnen 3%

Bron: bezoekers Zoover.nl

'Toen we kwamen aanrijden liep hij in zijn zwembroek rond, dicht bij het restaurant van zijn vrouw. Hij sprak ons meteen aan en vroeg naar onze plannen. Ik vertelde dat we de volgende dag gingen duiken bij het voormalige Greenpeaceschip Rainbow Warrior en op zoek waren naar een camping die nog wel plaats had. Hij bood ons meteen een gratis kampeerplek aan, boven op zijn berg, met een schitterend uitzicht over de Matauri Bay.

's Avonds nodigde hij ons uit voor een gratis etentje in het restaurant van zijn vrouw. We hebben heel boeiende gesprekken gehad en de halve wereldproblematiek besproken. Hij vertelde dat hij van oorsprong een Maori was en in het verleden minister van Maorizaken was. Tegenwoordig is hij minister van Toerisme, zo liet hij weten. Hon Dover Samuels is een hele relaxte vent met markante snor en hoed. Ik proefde wel dat hij een welgesteld man met aanzien is, maar toch konden we niet geloven dat hij echt minister is. Hij heeft nog voor ons op z'n gitaar gespeeld... De volgende dag als een speer naar een internetcafé en bij Google de naam "Hon Dover Samuels" ingetikt. We zagen ook foto's en stootten elkaar aan: het was hem echt!'

Hoe bespaar je op je vakantie?

1. Buiten het seizoen gaan 58%
2. Last minute-reis boeken 19%
3. Ik let er niet op 16%
4. Zo veel mogelijk eten meenemen 4%
5. Dicht bij huis blijven 3%

Bron: bezoekers Zoover.nl

Wat doe jij als eerste als je weer thuis bent?

1. De post doornemen 46%
2. De was doen 26%
3. E-mail checken 15%
4. Naar familie/vrienden7%
5. Vertrouwde kost eten 4%
6. Zoover-beoordeling invullen 2%

Bron: bezoekers Zoover.nl

Klimgeiten kiezen voor berghut en houtvuurtje

Op z'n dertiende maakte de nu 36-jarige Kurt Desmedt uit Lille zijn eerste tweedaagse bergtocht. Nog geen zes jaar later stond hij in de Zwitserse Alpen op de top van de 3905 meter hoge Piz Palu. De Belgische klimgeit leerde, hoe kan het ook anders, in het bergdorp St.-Moritz zijn vrouw kennen. De drie kinderen, Arne (7), Jens (5) en Ferre (2), zijn inmiddels ook met het klimvirus besmet en trekken de bergschoenen aan. 'Nou ja, niet helemaal, want Ferre gaat in een draagzak op de rug mee,' corrigeert Kurt.
'Tja, wat heb ik met bergen? Eigenlijk al vanaf mijn zesde jaar

ben ik er helemaal aan verknocht. De eerste stappen in de “bergen” deed ik in de Ardennen en daarna heb ik nog veel tochten met mijn ouders gemaakt. Op mijn zeventiende ben ik een monitorencursus gaan volgen en vanaf dat moment ga ik zo vaak het maar kan de bergen in. De ongerepte natuur, de vergezichten, de afwisseling en de kick van het bereiken van de top – het is zo fascinerend! Inmiddels heb ik een tiental tweedaagse tochten in de Zwitserse Alpen gemaakt, één keer zelfs een zesdaagse tocht en één vijfdaagse klimtocht in Oostenrijk. Ik maak de kortere tochten met vrouw en kinderen, de langere trips met vrienden. Het leuke is dat de twee oudste kids al stevig meewandelen; zelfs voor een tocht van 14 kilometer met een hoogteverschil van 900 meter draaien ze hun hand niet om.

De meerdaagse tochten vergen een grondige voorbereiding. Er wordt een strak schema uitgewerkt aan de hand van stafkaarten, topo's, beschrijvingen en ervaringen die je via internet en speciale forums kunt raadplegen. De meeste berghutten worden tevoren gereserveerd; zeker in het hoogseizoen is het soms dringen geblazen. In het laagseizoen is het soms wel mogelijk om spontaan te gaan. Je loopt wel het risico dat zo'n berghut dan niet "bewaakt" wordt, maar er is altijd een winterraum; dat is een soort noodvoorziening met een beperkt aantal slaapplaatsen, keukentje en houtkachel. Je moet dan zelf voor eten zorgen. In het hoogseizoen is het meestal mogelijk om 's morgens en 's avonds in de berghut eten te bestellen.

Het luistert heel precies wat je tijdens een tocht wel en niet meeneemt. Voor een meerdaagse tocht weegt je rugzak toch al gauw 15 kilo. Een EHBO-set, energierepen, hoofdlampje en horloge met hoogtemeter zijn onontbeerlijk. Als er gletsjers overwonnen moeten worden komen daar extra dingen bij, zoals stijgijzers, touw en een klimgordel. De meest indrukwekkende tochten? Ik herinner me een fantastische zonsop- en ondergang op de Piz Languard (3262 meter) en ook de klettersteig dit jaar in de Lechtaler Alpen was memorabel; vreselijk rotweer met hagelbuien. De klimtochten geven wel altijd een prachtig gevoel van saamhorigheid. Het was helemaal een geweldig moment toen ik dit jaar met Arne na vier uur klimmen op de top van de 2815 meter hoge Gamskogel in het Ötztal stond.

De hoogste berg die ik beklommen heb, is de 3905 meter hoge Piz Palu, maar de moeilijkste klim was naar de Mischabel Hütte boven Saas Fee in Zwitserland. Ik deed deze klim samen met mijn vrouw. De laatste twee uur zwoegen en zweten op een steile rotsgraat, letterlijk in de wolken. Of ik wel eens bang ben? Iedere klimdag beleef je wel een angstig moment. Het mag natuurlijk niet te gek worden, maar een beetje angst houdt je wel scherp en alert. Alle ervaringen bundel ik in reisverslagen die te vinden zijn op de site www.hutten.be. Op mijn verlanglijstje staat nog de tour Monte Rosa in Zwitserland en Italië, en natuurlijk staat de Capana Regina Margherita in Italië "hoog" genoteerd; hier bevindt zich op 4554 meter de hoogste berghut van Europa.'

Lady Moura: duurste jacht ter wereld

En dan valt het oog van Raph Schouten uit Eibergen op de contouren van een wit cruiseschip, enkele mijlen uit de kust van Monaco. Hoewel? Bij het inzoomen met de digitale camera blijkt het een superjacht te zijn; met gouden letters staat er 'Lady Moura' opgeschreven. Omdat het niet lukt met de eigenaar in contact te komen, moet een speurtocht langs vele web-sites op internet uitkomst bieden om erachter te komen wat er achter dit superjacht schuilgaat. De Lady Moura is 105 meter lang, 18,5 meter breed en heeft een diepgang van 5,5 meter, het heeft vier dekken en werd in 1991 in Duitsland gebouwd. Kosten: ruim 100 miljoen dollar. Het is daarmee het duurste superjacht ter wereld.

Eigenaar is zakenman Nasser al-Rashid uit Saoedi-Arabië. Hij is onder meer adviseur van koning Fahd. Het schip is in Duitsland gebouwd door Blohm & Voss en heeft Mallorca als thuishaven. Daarnaast duikt het regelmatig op rond Monaco, maar het doorkruist ook de wereldzeeën. En mocht de zakenman zich aan boord vervelen, dan pakt hij de reusachtige Sykorskihelikopter, die op het bovendek stand-by staat. Daar steekt het zeiljacht van de ex-vrouw van Nasser al-Rashid maar schril bij af: de Phocea blijft steken op een lengte van 'slechts' 73 meter.

De Lady Moura blijkt overigens niet het grootste superjacht ter wereld te zijn, zo blijkt uit de verschillende top 10-lijstjes; meer dan een zesde stek zit er niet in. De ranglijst wordt aangevoerd door de 122 meter lange Savarona; de Turkse overheid schijnt de eigenaar te zijn en het is te huur voor 350.000 dollar per week.

Het is moeilijk om informatie te verzamelen over de Lady Moura. Niet zo gek, want de rijken der aarde hechten aan hun privacy. Een prachtig inkijkje geeft een Duitser die bij het bedrijf werkt dat het reusachtige zwembad op de Lady Moura heeft aangelegd. 'Op maandagmorgen rinkelde de telefoon. Een ingenieursbureau vroeg of we een zwembad konden aanleggen, dit keer niet op het droge, maar op een jacht. Verbijstering alom. Toen we hoorden om welk jacht het ging, voelde het als een fantastische uitdaging. Het zwembad en de whirlpool zijn uitgerust met een geïntegreerde hydraulische bodem. Verder is de hele zwembadinstallatie voorzien van techniek die via satellietcommunicatie kan worden aangestuurd. Waar ter wereld de Lady Moura ook vaart, op afstand kunnen de installaties worden bediend en bewaakt. Het bassin kan worden afgedekt en dan dienstdoen als dans- of sportvloer.' Hoewel kosten noch moeite zijn gespaard, is zelfs voor de puissant rijke Nasser al-Rashid niet álles met geld op te lossen: 'Als het jacht met meer dan 10 knopen optrekt, is het zwembad niet te gebruiken. De golfslag in het bassin is dan te sterk...'

Rottend eten en duivenpoep in wasbak

Soms heeft zelfs een accommodatie met maar één ster er nog één teveel. Dat mag je opmaken uit de beoordeling op Zoover.nl van een hotel in hartje Londen.

'We zijn met zestig mensen van een toeristische opleiding naar dit hotel geweest. Rottend eten op de borden, schimmel bij de douches, bah,' schrijft Magna.

Ook Rommy Smit is niet onder de indruk van de gastvrijheid van dit hotel. 'Het was er smerig, het stonk, het ontbijt was niet

te eten en er lopen rare figuren rond. Vooral die jongen in die gele pluche broek, helemaal gek...'

Weer een andere bezoeker van Zoover.nl meldt: 'Wasbakken lopen niet door, ramen klemmen en gaan niet meer dicht. Stadsduiven poepen door het kiepraam in de wasbak. Zeer slechte hygiëne. Dit is van toepassing op alles: eten, kamers, personeel, douches en toiletten. Het is gewoon onverantwoord om daar te logeren.'

Rolf heeft evenmin heimwee naar dit hotel. 'De kamers zagen er verpauperd uit en zelfs het beddengoed was vies. Op mijn kussen trof ik haren aan, om nog maar te zwijgen over de vlekken op de lakens. Het tapbier was duidelijk aangelengd met water. En, oh ja; alle blanke dames die dit hotel overwegen te bezoeken, kunnen rekenen op ongewenste aandacht van een nachtwaker.'

Ondanks de vernietigende kritieken scoort het Londense hotel toch nog een gemiddeld eindcijfer van 5.9 op Zoover.nl. Dit dankt de accommodatie hoofdzakelijk aan de goede ligging en prima bereikbaarheid. Op de onderdelen Service en Algemene indruk komt de score niet boven de 4.5 uit.

Levenslang een vaste stek

Ze bestaan echt, kampeerders die eind maart hun tent opzetten en in oktober pas afbreken. Ze komen vaak al tientallen jaren naar hun favoriete stek. Zo zit de 59-jarige Amsterdamse Sien Dijkstra al sinds 1978 'vast' aan haar droomplekje op camping Stortemelk op Vlieland. 'Onzichtbaar in een duinpannetje en 's nachts geen straatverlichting, maar alleen de maan en sterren. Ik leef op het ritme van de natuur,' vertelt ze lyrisch.

Levenslang een vaste stek. Het is voor andere badgasten nauwelijks voor te stellen. Je hoort geregeld dat toeristen een weekendje op een eiland lang genoeg vinden: 'In twee dagen heb je alles wel gezien,' klinkt het soms een tikkeltje schamper. Sien Dijkstra schudt het hoofd: 'Het is vooral het er zíjn, je verbonden voelen met de rust, ruimte en natuur. Vanaf 1978 kom ik er

elk jaar; eerst met mijn gezin, nu alleen. Nee, ik voel me beslist niet eenzaam in mijn De Waard-tent. Af en toe komen de kinderen langs en ik ken veel mensen. Ach, ik ben nogal op mezelf, maar als ik het wil, is er ook voldoende aanspraak.

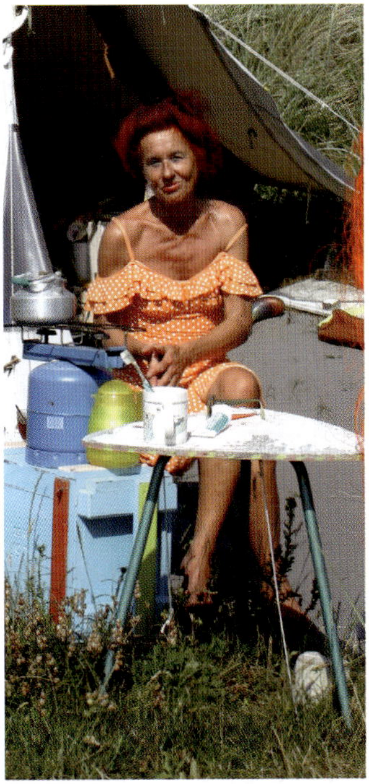

Als op 1 april de camping opengaat, zit ik er. Ja, dan is het nog ongelooflijk stil en leeg. Alleen de echte Stortemelkers zie je dan. Dat sfeertje heeft wel iets. In het hoogseizoen is het druk, maar je kunt de stilte opzoeken. Ik kom uit Amsterdam en de hectiek van de stad staat in schril contrast met het eiland. Definitief verkassen naar het eiland? Nou nee, ik vind de stad toch ook heel prettig, met name in de wintermaanden.'

Omdat ze zo vaak op het eiland is kent ze veel inwoners. 'Je maakt een praatje met elkaar, het is heel vertrouwd. Het is toch een beetje je tweede thuis. Op de camping ontmoet je andere vaste kampeerders; de ene keer zoek je elkaar op, het andere moment ga je je eigen gang. Heerlijk om elkaar vrij te laten.'
Op de vraag hoe haar dag eruitziet, antwoordt Sien: 'Ik plan niets. Als de zon opkomt en de tent verwarmt, word ik wakker en sta op. Overdag ga ik fietsen, zwemmen, wandelen, een praatje maken of gewoon even niets doen. Als het donker wordt, ga ik naar bed.'

Op Stortemelk is er zelfs een zandpad naar haar vernoemd: 'Pad van Sien'. 'Vier jaar geleden heeft iemand bedacht dat ik vanwege mijn staat van dienst recht heb op de naam van dit pad. Er is zelfs een echt naambordje geplaatst. Prachtig toch?'
Sien heeft 25 meter achter haar De Waardtent nog een tweede tentje staan; ook een seizoenplaats. 'Het is een soort van berging en tevens logeerkamer. Ik nodig regelmatig bekenden uit en die moet je dan natuurlijk wel een slaapplaats kunnen aanbieden.'

Zó voorkom je een straatberoving

'In sommige landen zijn straatberovingen schering en inslag. Toch kun je vrij eenvoudig de kans op een beroving verminderen.
Koop op de lokale markt een goedkoop wegwerphorloge en doe dat om. Dieven zien in één oogopslag dat er bij zo'n toerist weinig te halen is.
Loop 's avonds in onbetrouwbare buurten niet op het trottoir dicht langs de gevels, maar loop door de straatgoot. Dit vermindert de kans dat je door georganiseerde dieven in een portiek naar binnen wordt getrokken en bestolen.'

John Louwrier, Leiden

Altijd airco dankzij kluskaart

'Hotels vervangen steeds vaker de kamersleutels door plastic keycards; ze hebben meestal de afmeting van een bankpasje. Behalve dat je hiermee je deur opent en sluit, regelt het ook de stroomvoorziening. Op de kamer moet je de card in een speciale gleuf steken om de elektra in te schakelen; handig, want als jij je kamer verlaat en de keycard uit de gleuf haalt, stopt ook de stroomtoevoer. Energiebesparend, maar het betekent wel dat je airco en koelkast ermee ophouden. Dat is gemakkelijk te omzeilen: stop een andere plastic kaart in de gleuf. Maakt niet uit; een kluskaart van de bouwmarkt of een kortingskaart van de drogist. Mits het dezelfde afmeting heeft, werkt het!'

Frank Wes, Hengelo

Liefde voor Chios in boekje gebundeld

Veel mensen gaan nooit twee keer naar dezelfde vakantiebestemming. Of ze hebben het na één keer wel gezien, of ze vinden dat er nog voldoende ander moois is om te ontdekken. De 52-jarige Doortje van Lieshout uit Berghem ervaart het anders. Ze is dolverliefd op het Griekse eiland Chios en zelfs na negen keer kan niets ermee wedijveren. Sterker nog: ze heeft net een eigen vakantieboekje over haar lievelingseiland uitgebracht en de plannen voor de volgende Chiosvakantie zijn al in de maak.

'In 1997 was ik samen met mijn man voor het eerst een weekje op Chios. We waren meteen verkocht. De diversiteit van de natuur, de ingeslapen dorpjes, de cultuur en historie, en bovenal de vriendelijke bevolking. Na enkele dagen kwamen we aan bij een ontmoetingsplek op het strand waar enkele Chioten in de schaduw van een boom ouzo dronken. We kregen spontaan een glaasje aangeboden en in de namiddag zaten we er nog. We moesten aanschuiven bij het eten en een zojuist gevangen zee-egel proberen. Nou, dat ging niet echt van harte, maar we hebben het "gewoon" opgegeten. Daarna zijn we meegegaan naar het huis van deze familie en dat herhaalde zich twee dagen later nog eens. Het zijn inmiddels vrienden voor het leven.

Het jaar daarop opnieuw naar Chios en onze band met dit fantastische eiland werd alleen maar sterker. We vinden het leuk om te fietsen en tijdens een van onze tochten dwaalden we af. Via een zeer steil weggetje bereikten we het strand van Agia-Fotia. Gezellig op een terrasje gegeten en gedronken. We vertelden de eigenaar dat we een klein probleempje hadden: hoe kwamen we ooit nog dat steile weggetje op? "No problem," zei hij met een brede grijns. Even later kwam hij met een roestige oude Fiat Panda voorrijden. Achterbankje ingeklapt en toen eerst onze twee fietsen naar boven vervoerd. Daarna nog een keer hetzelfde ritje om ons naar boven te brengen. Dat is toch geweldig?

In het verleden zo'n tien andere Griekse eilanden bezocht, maar de sfeer, het landschap en de sereniteit van Chios blijven onovertroffen. Dus blijven we komen en logeren we altijd in het kleinschalige hotel Grecian Castle. Niet zo'n mooi uitzicht,

maar wel een heel leuk hotel, dicht bij de stad. We kennen er alle medewerkers. Sterker nog, van manager tot tuinman, het zijn allemaal vrienden geworden. Ook elders op Chios hebben we veel contacten. Warme omhelzingen als we bekenden tegenkomen en vaak krijgen we spontaan een drankje aangeboden. Met een aantal Chioten zijn we zo goed bevriend, dat we er het hele jaar door mee in contact staan.

Vorig jaar ontstond het idee om een Chios-boekje uit te brengen. Weet je, er zijn best veel toeristische boekjes over dit eiland, maar het is vooral veel tekst en weinig foto's. Het leek me leuk om op basis van mijn eigen ervaringen een boekje samen te stellen met het accent op foto's. Het resultaat is een boekje met veertig pagina's op A4-formaat. Ik fotografeer nog niet digitaal, dus ik heb alle foto's via mijn computer moeten scannen en vervolgens op fotopapier afgedrukt. Ik heb er vijftien gemaakt. Ja, het is een echt collectors item, haha.'

Liftend de wijde wereld in

Door de gratis openbaarvervoer abonnementen voor scholieren en studenten kom je in Nederland zeer sporadisch een lifter tegen. Dat is jammer, vindt de 21-jarige Pascal Kuyten uit Enschede. Hij studeert Technische Informatica aan de Universiteit Twente en trekt liever liftend de wijde wereld in. ‘Het is een fantastische manier om mensen te ontmoeten en nieuwe plaatsen te ontdekken.

Ik lift sinds twee jaar en heb inmiddels zo’n 20.000 kilometer afgelegd. Ik heb gelift in eigen land, België, Duitsland, Polen,

Don’t disturb voorkomt diefstal uit hotelkamer

‘Er wordt veel gestolen uit hotelkamers. Natuurlijk beschikken veel accommodaties over kluisjes, maar die worden niet altijd gebruikt of je kunt er slechts een deel van je waardevolle spullen in kwijt. Daar heb ik iets op gevonden. Als de poetsvrouwen zijn geweest, hang ik aan de buitenkant van mijn kamerdeur het labeltje met Don’t disturb aan de deurklink. Dat schrikt dieven af, want die zijn in de veronderstelling dat er iemand binnen is. Ze zullen ongetwijfeld een deur verder hun slag proberen te slaan.’

Nadia

Litouwen, Letland, Oostenrijk, Kroatië, Servië en Slovenië. De ene keer lift ik naar een studentencongres in het buitenland, de andere keer ga ik liftend op vakantie. Vaak in m'n uppie, soms met een reisgenoot. Da's wel gezelliger. De onvoorspelbaarheid van het liften is het leukst. Ik heb eens een superlift gehad in Polen. Het was hartje winter en koud. Ik stond er nog maar een half uurtje, stopt er een Duitser die me een lift geeft van 1000 kilometer naar Hamburg – en dat met een snelheid van 180 kilometer per uur!

Het zit ook wel eens flink tegen. Afgelopen zomer ben ik naar Belgrado gelift en heb ik in Slovenië noodgedwongen in een maïsveld moeten pitten. Maar de pijn was snel verdwenen toen een vrachtwagenchauffeur mij oppikte en spontaan een "rondleiding" door Vukovar gaf. Dit Kroatische grensdorp kreeg het zwaar te verduren tijdens de Balkanoorlog. De trucker vertelde alle ins en outs en we reden langs een boerderij waar veel Kroaten waren gefusilleerd. Indrukwekkend.

Een andere bijzondere ervaring was een lift van 400 kilometer

met een Trabant. Best een superlift, maar de keerzijde was dat-ie zelfs bergafwaarts nauwelijks 90 kilometer per uur haalde, haha. Een schril contrast met een lift van Berlijn naar Hannover: terwijl de bestuurder en bijrijder verbaal een heftige ruzie uitvochten, stond de snelheidsmeter op 250 kilometer per uur.

Vrachtwagenchauffeurs hebben vaak communicatieapparatuur aan boord waarmee ze onderling in contact staan. Da's wel handig. Ik ben eens vier keer van vrachtwagen gewisseld, zonder aan de weg te staan; de chauffeurs regelden met elkaar dat ik verder kon reizen. Zo soepeltjes gaat het natuurlijk niet altijd. Ik herinner me een nacht dat het vijf graden vroor en ik met een vriend bij de Pools-Duitse grens was gestrand. We stonden tot onze enkels in de sneeuw. In Berlijn heb ik eens vijf uur bij een wegoprit moeten wachten op een lift. Het is tegen mijn principes om dan maar de bus of trein te pakken. Ik heb het één keer gedaan om met een korte treinrit een goede liftplek te bereiken.

Het beste liftland is Duitsland, veel snelwegen en onze oosterburen rijden flink door. Ook het voormalige Oostblok is oké; er wordt veel gelift en automobilisten zijn er over het algemeen zeer behulpzaam. Waar je niet moet zijn is in Oostenrijk; ik weet niet hoe het komt, maar het schiet daar echt niet op. Of ik nog liftvakanties op mijn verlanglijstje heb? Zeker. De Oekraïne, Afrika en de Zijderoute lijken me te gek. Ik heb mijn eindbestemming beslist nog niet in het vizier.'

Luxe vakantie eindigt in vrijwilligerswerk voor straatkinderen

Ze heeft altijd 'iets' met Afrika gehad, zonder er ooit te zijn geweest. De droom van Ineke van Huuksloot (29) uit Nieuw-Vennep kwam uit tijdens een rondreis door Kenia. Een luxe trip door nationale natuurparken met overnachtingen in riante lodges. 'Maar ik wilde ook kennismaken met de andere kant van Kenia. Ik bezocht een project voor weeskinderen en dat heeft me zo diep geraakt; het heeft mijn leventje flink op z'n kop gezet. Ik heb er inmiddels enkele maanden vrijwilligerswerk op zitten en werf vanuit Nederland nieuwe medewerkers en sponsoren voor het project. Mijn vriend John (32) is ook hier een maatje; hij heeft de boekhouding geautomatiseerd en houdt die maandelijks bij.'

'Afrika zit in mijn bloed, dat is moeilijk uit te leggen. Als een klein kind keek ik uit naar de eerste kennismaking met dit werelddeel. Voor ons vertrek heb ik geprobeerd contact te leggen met een weeshuis in Nairobi. Ik wilde de mooie kant van het land zien, maar ook de schaduwzijde; naast de wilde dieren de armoede en de struggle for life waarmee veel Afrikanen leven. Helaas lukte het niet om contact te leggen met dit weeshuis.

Ligbed reserveren door 'handdoekje leggen': zegen én ergernis

Er zijn tijdens een vakantie maar weinig zaken die zoveel ophef veroorzaken als het reserveren van een ligbed of strandstoel door er in alle vroegte een handdoek op te leggen. Zoover.nl wilde wel eens weten hoe ergerlijk we dit vinden; of doen we er zelf ook aan mee?

Op de homepage leverde de vraag 'wat doe jij om handdoekjeleggen te voorkomen?' in 2 dagen meer dan 800 reacties op. Maar liefst 53 procent bekende zich schuldig te maken aan het reserveren van een lekkere ligplek. 47 procent ergert zich groen en geel en noemt het 'asociaal gedrag'.

'Ik leg de handdoek die er al ligt gewoon naast het bedje en ga er zelf op liggen. Heerlijk die confrontatie als de "eigenaar" van de strandstoel zich dan meldt', luidt een van de reacties. Iemand anders heeft een andere remedie: verwijder de handdoek, stop die in je eigen koelbox en ga lekker relaxen. Veel mensen die reageerden, vinden dat het hotelmanagement fout is. 'Dat moet erop toezien dat dit soort praktijken niet gebeuren. Soms staat er in het reglement dat het verboden is, maar wordt er toch niet opgetreden.'

Een enkeling zegt geen accommodaties voor een tweede keer te boeken waar handdoekjeleggen schering en inslag is. Iemand anders meldt dat het fenomeen zich met name voordoet bij all-inclusive-resorts. Eén vakantieganger vertelt dat hij naar iedereen een lange neus trekt: 'Ik neem altijd mijn eigen luierstoel mee!'

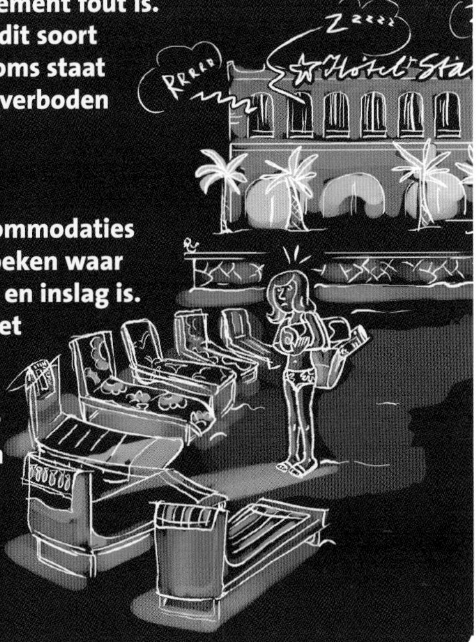

Tijdens de rondreis ontmoetten we in de safaribus mensen die kennissen hebben in Mombasa. Zij runnen in deze stad een kindertehuis. Toen ze vertelden er ook op bezoek te gaan, wilde ik dolgraag mee. Samen met John zijn we met z'n vieren naar het tehuis gegaan. Het is een project voor weeskinderen, rehabilitatiecentrum voor straatjongeren en opvangplek voor mishandelde kinderen. Tja, en wat je dan meemaakt...

Kindertjes op schoot, je hoort de verhalen over wat ze hebben meegemaakt; het is zó ingrijpend. Je hoort de verhalen op televisie wel eens voorbijkomen, maar als je het écht meemaakt... Ik voelde meteen dat ik hier iets mee moest doen.

Terug van vakantie heb ik meteen via e-mail contact gezocht, met de vraag of ik er vrijwilligerswerk kon doen. Vier maanden later was ik terug. In de tussentijd hadden mijn vriend en ik geld ingezameld. Van de opbrengst kon een aantal straatkinderen naar school. Het is zó dankbaar dat je met bescheiden middelen zo veel kunt doen. Je geeft een Afrikaans kind hoop voor de toekomst; het meest waardevolle wat je ze kunt schenken. Ik heb twee maanden bij het project gewerkt. Dat heeft zo'n impact op mij gehad, dat ik besloot om in Nederland actief te blijven. In het dagelijks leven ben ik als consulent verantwoordelijk voor de werving en selectie van personeel. Ik doe dit nu ook als vrijwilliger voor het project in Mombasa. Concreet betekent dit dat ik nieuwe vrijwilligers rekruteer en een steentje bijdraag in de fondsenwerving.

Ik heb met eigen ogen gezien dat het geld bitter hard nodig is en dat elke cent goed wordt besteed. Mijn vriend John is werkelijk fantastisch: niet alleen stemde hij er meteen mee in dat ik een tweede keer naar Kenia zou gaan, maar hij kwam mij ook twee weken helpen om de boekhouding van het weeshuis te automatiseren. Vanuit Nederland helpt hij nog steeds elke maand om de boekhouding op orde te houden. We hebben twee meisjes financieel geadopteerd en via mijn website www.inekeinafrika.nl probeer ik anderen voor het project te interesseren.

Of ik nog van een luxe vakantie kan genieten? Ja hoor. Je kunt Afrika nu eenmaal niet in ons westerse referentiekader plaatsen. Met onze inzet vanuit Nederland leveren we een substantiële bijdrage aan het project. Dat wil niet zeggen dat het nooit eens knelt. Anderzijds kun je de ellende niet oplossen door jezelf alles te ontzeggen. Ik deel onze luxe op deze manier met anderen. Dat geeft een goed gevoel.'

Rubberen stop mee voor vakantiewasje

'Iedereen wil tijdens de vakantie in het hotel of appartement wel eens tussendoor een handwasje doen. Dat kan prima in de wastafel of douchebak, maar vaak ontbreekt de rubberen stop; die wordt meestal bewust door de eigenaar weggehaald. Wij nemen in onze koffer altijd een rubberen stop mee, die we op locatie gebruiken. Sindsdien draaien wij onze handen niet meer om voor een handwasje!'

Familie Wouters, Schijndel

Medekampeerders redden uitgeputte hond

'Al jaren nemen we onze twee Mechelse herdershonden Ciske en Ilya mee op vakantie. Afgelopen zomer stonden we op een camping in La Ferrière, hartje Franse Alpen. De honden vinden het geweldig als ze op onze wandeltochten mee mogen. Ook Ciske, de oudste, van 13 jaar. Donderdags besloten we een wandeling naar de Zeven Meren te maken, een klim van ruim 1000 meter. Het pakte allemaal iets anders uit dan we hadden verwacht', huivert Lilyan Maas uit Uden nog na.

'De tocht ging eerst drie kilometer door de bossen, daarna kwamen we boven de boomgrens. Een prachtig ruig Alpenlandschap met enorme rotspartijen; er lag zelfs sneeuw en overal zag en hoorde je bergmarmotten. We waren bijna boven toen Ciske het moeilijk kreeg. We hebben een pauze genomen en besloten terug te lopen. Tot aan de boomgrens ging het nog wel, maar daarna was de hond helemaal op. Paniek, want we waren op een plek waar je uitsluitend te voet kunt komen. Mijn man is bij de hond gebleven en ik ben teruggelopen naar de camping. Ik vertelde mijn verhaal aan de campingeigenaar en medekampeerders. Met z'n allen piekerden we ons suf hoe we Ciske beneden konden krijgen. Uiteindelijk kwam iemand op het idee om de

Voordelig overnachten in een Gästehaus

'Tijdens onze vakantiereis slapen we onderweg regelmatig een nachtje in Duitsland of Oostenrijk; een bed en ontbijt is dan voldoende. Een Gästehaus is dan een prima uitkomst. Het is misschien iets soberder dan een hotel, maar daar betaal je voor extra luxe waar je toch geen gebruik van maakt. Bovendien is de sfeer in een Gästehaus vaak gemoedelijker dan in een hotel.'

Kees Kayim, Elspeet

Spotgoedkoop superhotel in Berlijn

'We zijn 16 augustus net teruggekeerd van vier dagen Berlijn in het viersterrenhotel Sofitel Schweizerische Hof; een spotgoedkope last minute. Bij vier overnachtingen een fikse korting. Een kamer voor twee volwassenen en een kind kostte geen 245 euro, maar slechts 75 euro per overnachting. Bij navraag bleek dat de Sofitelhotels vooral veel zakelijke klanten trekken en die laten het in de zomervakantie juist afweten. Om toch klanten te trekken, worden enorme kortingen gegeven. Echt een absolute aanrader. De Sofitelhotels hebben bovendien vaak een inpandig zwembad, een sauna en andere faciliteiten die gratis zijn. Het ontbijt is wel erg duur, dus toch maar even bij McDonalds of elders iets eten.'

Ton Geul, Nieuw Vennep

hond met een grote draagtas te redden.

Met een aantal medekampeerders zijn we weer de bergen ingegaan en hebben de hond in de tas gestopt. Natuurlijk vond Ciske het allemaal erg vreemd, maar ze besefte dat er niets anders op zat. Min of meer opgelucht stak ze haar kop boven de tas uit. Met z'n allen hebben we haar naar beneden gesjouwd. Het was de zwaarste tocht die ik ooit heb gemaakt; vergis je niet, de hond weegt 36 kilo! Om half acht 's avonds waren we uiteindelijk terug op de camping. Hoe het nu met Ciske gaat? Hartstikke goed, ze is weer helemaal de oude.'

Meer dan honderd landen bezocht

Hij is de tel een beetje kwijt, maar het moeten zo'n 105 landen zijn. De 52-jarige vrijgezel John Louwrier uit Leiden is getrouwd met zijn reiskoffer! Het verlangen de wereld te verkennen heeft hij al vanaf zijn jeugd. Jarenlang was hij zeeman, maar tegenwoordig verdient John de kost als zelfstandig hovenier. 'Tien maanden hard werken en dan acht weken reizen. Ja, natuurlijk kost het een smak geld – anderzijds zijn al die ervaringen en belevenissen onbetaalbaar.

Door veel van de wereld te zien, verandert je kijk op het leven en ga je Nederland met andere ogen zien. We zijn hier vaak toch wel erg kleinburgerlijk bezig; we maken ons druk om niets. Het land dat de meeste indruk op mij heeft gemaakt is Japan. Echt, daar lopen ze twintig jaar voor op Nederland. Tokyo en Osaka zijn prachtige steden en superschoon. Japanners zijn gedisciplineerd en bijzonder vriendelijk. En als Nederlander heb je nog steeds een streepje voor. Ze zien je als afstammeling van judoka Anton Geesink, de Olympisch kampioen van 1964 in Japan. Het is een land van uitersten. Pak je in de stad de trein naar het platteland, dan zit je binnen een uur in een andere wereld; honderd jaar terug in de tijd, heel fascinerend.'

John heeft enkele tips voor reizigers die in het buitenland de prins of prinses op het witte paard denken te hebben ontmoet. 'Nodig hem of haar nooit direct uit om naar Nederland te

komen. Ga eerst zelf enkele keren terug om te zien hoe de prins of prinses leeft en kijk hoe het sociale leventje in elkaar steekt. Geld opsturen voor een ziek familielid is echt het allerlaatste wat je moet doen. Stuur ook nooit geld voor een vliegticket; als je een vlucht wilt betalen kun je dat gewoon vanuit Nederland doen. Maar al te vaak gaat het mis met een buitenlandse liefde. Je leert van je succes, maar nog meer van je fouten', kent ook John zijn klassieken. 'Het is van essentieel belang om je te verdiepen in de geschiedenis, cultuur en zeden van het land waar je nieuwe vlam vandaan komt. Daar is het ook misgegaan met mijn ex-vrouw uit Chili.'

Door zijn vele reizen heeft hij geleerd welke zaken belangrijk zijn om goed voorbereid op reis te gaan. 'Laat kostbaarheden thuis. Zelfs een trouwring kun je beter in Nederland achterlaten. Koop gemakkelijke en goedkope kleding bij Zeeman of Wibra. Bezuinig niet op goed schoeisel. En wat condooms betreft: koop ze hier in Nederland. In het buitenland, met name Azië, zijn de voorbehoedsmiddelen vaak van een inferieure kwaliteit.'

Op de vraag wat John het gezelligste land vindt, heeft hij weinig bedenktijd nodig: Brazilië. 'Vooral het noordoosten is geweldig, maar wel een gebied vol contrasten. Er wonen steenrijke mensen en arme sloebers. Je ziet er de mooiste vrouwen ter wereld naast de grootste lelijkerds lopen. Ik ben een dag te gast geweest bij de ouders van iemand die ik er heb leren kennen. In een stuk niemandsland in de brandende zon, luieren in een hangmat en overal knalharde muziek. Speciaal voor mij werd er een kip geslacht. De keuken bestond uit een aantal gestapelde stenen en een rooster. Een stuk tuinslang diende als douche. En ondanks deze primitieve omstandigheden maakten deze mensen zo'n tevreden indruk. Ze vroegen aan mij waarom de westerlingen zo gestrest zijn... tja, dat voelt toch een tikkeltje gênant.

Een andere bijzondere ervaring was mijn reis door de Atacamawoestijn in Noord-Chili, een van de droogste plekken op aarde; er valt gemiddeld een halve millimeter regen per jaar. Met een gehuurde auto, zonder ruitenwissers, haha, een indrukwekkende tocht gemaakt. De woestijn is er niet vlak, maar telt vele bergen en ravijnen. Het is volstrekt stil en er groeit helemaal niets, zelfs geen cactus.

Of ik nog reisdoelen heb? Jazeker, ik heb onder meer India en Mongolië op mijn verlanglijstje staan.'
Een minder populair vakantieland waar John inmiddels wel kennis mee heeft gemaakt is Moldavië, ingeklemd tussen Roemenië en de Oekraïne. 'Bepaald geen land om met heimwee aan terug te denken. De corruptie viert er hoogtij. Bij binnenkomst wordt iedere toerist geacht een formulier in te vullen en te vermelden hoeveel geld hij bij zich heeft. Een controletaak van de douane, die dit met opzet of niet doet, of het formulier niet ondertekent. Je voelt hem al aankomen: bij het verlaten van het land kloppen de papieren niet en wordt je geld in beslag genomen. De politie is ook "dol" op toeristen: overal worden buitenlanders aangehouden en gecontroleerd, en ook hier worden natuurlijk grif bekeuringen uitgedeeld. En tja, waar het geld vervolgens blijft...' Met de Moldavische bevolking heeft John ook niet bepaald een warme band: 'Ze zijn zeer onbeschoft. Mensen dringen voor bij het loket of duwen je gewoon opzij. Daarnaast zijn het enorme drinkers.'

Huiveringwekkend was een bezoek aan een voormalige begraafplaats in de Peruaanse plaats Chauchilla. 'Hier liggen bovengronds overal menselijke botten, schedels, mummies en flarden kleding verspreid. Bandieten, op zoek naar goud en sieraden, hebben de stoffelijke resten honderden jaren geleden uit de graven gehaald en ontdaan van alle waardevolle spullen die ze in de graven bij zich hadden. Wat resteert is een macabere aanblik.'

Een andere bizarre ervaring dateert van twintig jaar geleden toen hij als zeeman een week in Noord-Korea verbleef. 'Er kwamen meteen militairen aan boord. "For protection," gaven ze als reden, want Japan en Amerika konden het land elk moment aanvallen. Dat de autoriteiten dit serieus namen, bleek uit het feit dat er regelmatig een verduisteringsactie werd gehouden om de vijand te desoriënteren. Het was allemaal een heel onwezenlijke ervaring. Kinderen veegden met bezems de kade

schoon. “Exercise for later,” vertelde de Noord-Koreaanse gids. Hij nam ons mee naar de stad Chongjin. Heel beklemmend: brede lege straten, nauwelijks verkeer en overal beelden en portretten van de grote leiders. Toen ik aan de tolk vroeg of er in Chongjin een leuke bar met drank en vrouwen was, reageerde hij afwerend; dat vond hij westerse decadentie. Bleek hij later wél mijn Playboykalender te hebben gepikt...’

Met een oude hippiebus op frituurvet door Canada

Het is misschien ook wel vragen om problemen als je in het onmetelijk grote Canada gaat rondreizen in een oude hippiebus en de twintig jaar oude motor van de Vixencamper trakteert op afgewerkte olie en frituurvet. Het echtpaar Wits en dochters Zinzi (16) en Wisse (11) uit het Noord-Hollandse Bergen gingen de uitdaging aan en... het werd in elk geval een reis vol verrassingen.

‘De oude hippiebus is van David, de beste vriend van mijn vader. Hij runt een farm in Durham New Hampshire. Ze leerden elkaar in 1972 kennen in de trein van Istanbul naar Teheran, op en top hippie en onderweg naar India; daaruit is een hechte vriendschap ontstaan. De hoofden zijn nu wat kaler, de haren grijzer, maar de hippie-idealen staan nog steeds overeind,’ verzekert Zinzi.

'De Vixenbus past helemaal in de hippiecultuur. Het was in die tijd een bijzonder revolutionair ontwerp, de fabrikant is echter na drie jaar ter ziele gegaan. De Vixen van David bleef gekoesterd en mijn vader mocht de camperbus zelfs van zijn beste vriend lenen voor onze rondreis door Canada. De eerste week liep alles op rolletjes, maar daarna begon de ellende. Ergens midden in het National Park, totaal verlaten van alles en iedereen, hield de Vixen het voor gezien. We kwamen in contact met een vriendengroepje en die wilden ons wel naar een noodhuisje brengen. In dit Spartaanse onderkomen, inclusief houtkachel voor in de winter, konden we een autosleper bereiken. Een echte allrounder, want hij presenteerde zich ook als visser en sneeuwruimer, haha.

Wat hij ook probeerde, de Vixen gaf geen krimp. Hij heeft ons naar Cheticamp gesleept. Daar heeft een vriend van hem op zijn vrije dag urenlang de camperbus onderzocht. Hij heeft allerlei kabeltjes, draden en knoppen met elkaar verbonden en ja hoor, er kwam weer geluid uit de motor. Na een dag reizen wilde de camper opnieuw niet starten. Twee behulpzame mecaniciens en een garagehouder kregen de Vixen weer aan de praat. "Nee, nee, we willen er geen cent voor, u heeft al genoeg pech gehad," riepen ze in koor. Toen we de veerboot namen tussen Yarmouth en Bar Harbor ging het bij het verlaten van de boot opnieuw mis. Met steun van de bemanning werd de hippiebus van het schip geduwd en sloeg de motor aan.

We dachten nog maar aan één ding: rijden, rijden, rijden. De verlichting, koelkast en het dak hadden het inmiddels ook al begeven, maar het belangrijkste, de motor, deed het nog. In het zicht van de haven hield de politie ons staande. Tja, wat functioneerde eigenlijk wél aan ons vervoermiddel? Maar in plaats van een regen aan bonnen uit te schrijven, hadden de agenten met ons te doen. Na een bemoedigend schouderklopje konden we verder rijden. David was blij dat we weer thuis waren en maakte duizend excuses voor zijn Vixen en zoveel vakantieleed. Nou, dat vonden we maar grote flauwekul – we hebben dankzij de Vixen juist een heel verrassende en avontuurlijke vakantie gehad. Echt, we zijn hem zelfs dankbaar!'

Met scootmobiel kamperen en de bergen in

Gerrie Lischer (52) uit Beverwijk is afhankelijk van een scootmobiel, maar dat weerhoudt haar niet om met haar man Jaap, hond en caravan in het buitenland te kamperen. Daar maken ze dagtochtjes van 25 kilometer door de omgeving; Gerrie met hond op de scootmobiel, haar man ernaast op de fiets. 'Je kunt overal een probleem in zien, wij draaien het om en gaan uit van het positieve. En zit het een keer tegen: problemen zijn er om op te lossen.'

'Ik heb sinds 1997 spierkrachtverlies. Ik zit veel in de rolstoel en kan met behulp van krukken slechts enkele passen lopen.

Natuurlijk, ik kan veel dingen niet, maar ik draai het liever om en ga voor wat nog wél lukt. Met onze VW Transporter komen we een heel eind. De scootmobiel, mijn rolstoel en de fiets van mijn man passen er prima in. We zijn net terug uit Frankrijk. Wel erg heet, maar je wordt inventief. Ik had een luchtbed op het matras gelegd om mijn gewrichtsklachten te verminderen. En we zijn buiten gaan koken, daardoor hoefde ik minder vaak het caravantrapje op.

Iedere dag kammen we de dorpjes en omgeving uit. Appeltje en flesje water voor onderweg, meer hebben we niet nodig. De scootmobiel kan met een volle accu 40 kilometer afleggen en heeft een enorme trekkracht. Ik mag dan een handicap hebben, als het bergopwaarts gaat, moet mijn man het afleggen. Klampt hij zich aan mij vast en trek ik hem omhoog. Prachtig toch?" De scootmobiel heeft mij nog nooit in de steek gelaten. Wel is het voorgekomen dat de accu tijdens een dagtrip leegraakte. Dat krijg je als je te veel bergjes neemt, dat vreet stroom. Hoe we het oplossen? Mijn man fiets terug naar de camping en haalt dan de auto op.

In het buitenland is het fietspaden- en wegennet doorgaans slechter dan in Nederland. Dus is het heel gewoon om met een scootmobiel op een drukke verkeersweg te rijden. In veel steden blijft het behelpen; de stoepen zijn vaak te smal. Ik vind dit wel eng en ben onzeker, omdat ik de situatie niet goed kan inschatten.

We gaan meestal in juni op vakantie; dan is het niet zo druk en heb je de ruimte. Ik probeer zo veel mogelijk met alles mee te doen, dus ook met de scootmobiel naar de afwasplaats. Soms levert dat wat ongemakken op, maar er is altijd wel een helpende hand in de buurt. De mensen vinden het positief dat ik me niet afhankelijk opstel. Na de afwas hang ik de emmer aan mijn krukken, de borden en bestek gaan in het achtermandje en mijn hond ligt op het voetenplankje.

Ik zoek op het internet naar rolstoelvriendelijke campings en omgeving. Dat lukt niet altijd. Ik heb vaak de hulp van mijn man nodig, onder meer omdat het sanitair onvoldoende is aangepast. Maar ach, voor elk probleem is een oplossing en als je overal een punt van maakt, rest alleen een plekje achter de geraniums. Over het algemeen zijn de campings in Frankrijk best rolstoelvriendelijk. Een driesterrencamping biedt er meer comfort en bewegingsvrijheid dan een vijfsterrencamping in Luxemburg.

Nare ervaringen heb ik nauwelijks meegemaakt. Ik herinner me een vakantie op Tenerife. Daar verplaatste ik mij in een rolstoel over een drukke markt, hoor ik een Nederlandse toerist tegen z'n partner zeggen: "Je moet toch gek zijn om hier met een rolstoel te zijn". Ja, dan word je heel verdrietig.
In het buitenland is de scootmobiel vaak een bezienswaardigheid, zeker als mijn hond nog eens op mijn voeten ligt. Mensen en kinderen willen de hond aaien of een foto maken. Het leven is zo slecht nog niet, het is vooral wat je er zelf van maakt!'

Voordelig rondreizen door National Parks

'Ik heb een rondreis door Amerika gemaakt en mij is gebleken dat het veel goedkoper is thuis een auto te reserveren via het reisbureau. Dat komt doordat het verzekeringspakket in Amerika behoorlijk prijzig is; je moet daar namelijk de verzekering van een tweede chauffeur betalen als je partner ook achter het stuur kruipt, zo'n 30 dollar per dag. Dat scheelt in twee weken al snel 250 dollar.
Tijdens mijn rondreis door een aantal National Parks moest ik bij elk park entreegeld betalen, variërend van 20 tot 25 dollar. Het is veel voordeliger om een National Parks Pass te kopen; voor slechts 50 dollar heb je dan een jaar lang toegang tot alle National Parks.'

Jan Schoenmaekers, Wommelgem (België)

Ongegeneerd flirten en geldklopperij door hotelpersoneel

Oké, je neemt het op de koop toe dat als je samen met je zus naar Turkije gaat iemand je een keer mee uit vraagt. Maar voor de zussen Kathleen (27) en Stefanie (21) Henri uit het Belgische Oostende was het aan de Turkse Rivièra bij de badplaats Side wel heel heftig. Vrijwel al het mannelijk hotelpersoneel vroeg de dames mee uit en daarnaast werd de zussen financieel ook nog een poot uitgedraaid. 'We hebben het he-le-maal gehad,' vertelt Kathleen ontgoocheld.

'We zochten een last minute en dat in augustus. Dan valt er niet veel te kiezen. Het all-inclusivehotel waar nog plaats was, scoorde op de beoordelingssite van Zoover.nl een mager zesje. Toch zijn we opgetogen aan onze zevendaagse vakantie begonnen, maar de stemming sloeg snel om. Tijdens het inchecken bij onze accommodatie konden we een kluisje huren. We hebben netjes de papieren ingevuld en toen is een medewerker meegelopen om de bagage naar onze kamer te brengen. Hij vroeg vervolgens 10,50 euro voor het gebruik van het kluisje. En passant

Nooit meer vroeg wakker door zonlicht

'Vaak zijn de gordijnen in de slaapvertrekken zo dun, dat om zes uur 's ochtends de slaapkamer al baadt in het zonlicht en de temperatuur rap oploopt. Met name kinderen worden vroeg wakker en krijgen daardoor te weinig slaap. Gevolg: later op de dag vermoeide en jengelende kids. We hebben daar iets op gevonden: we plakken de ramen langs de binnenkant af met aluminiumfolie. Gewoon een paar rollen meenemen van thuis; kost weinig en weegt niets. We bevestigen het met plakband dat ook weer eenvoudig te verwijderen is. Door het aanbrengen van de folie blijft het lang donker en heerlijk koel, de kinderen slapen als prinsesjes.'

Familie De Wolf, Tielrode

Cool zo'n multifunctionele beautycase

'Afgelopen vakantie heb ik een kleine koeltas meegenomen als beautycase. Alle spulletjes die normaal gesproken in de beautycase gaan, passen er prima in; er is zelfs nog genoeg ruimte over voor de koelelementen. Eenmaal op onze bestemming zet ik de make-up en andere spulletjes in de badkamer op het planchet. Daarna werd de beautycase weer koeltas en gingen er dagelijks heerlijk koude blikjes in mee naar het strand!'

Netty Bohme, Hoofddorp

Forse kortingen in China met ledenpas sportclub

'In China is het gebruikelijk dat studenten op veel zaken forse kortingen krijgen. Ik neem altijd mijn ledenpasje van de tennisclub mee. Veel Chinezen spreken amper Engels en als je ze duidelijk maakt dat je student bent en het pasje toont, krijg je bijna overal een studentenkorting. Zelfs als je boven de vijftig jaar bent!'

Ivo Lauteslager, Wijk bij Duurstede

vroeg hij of we die avond met hem uit wilden; dat hebben we afgewimpeld. Twee dagen later bestelden we een drankje, maar omdat het na middernacht was en dit niet bij het all-inclusivearrangement is inbegrepen, kregen we een bonnetje. We moesten bij ons vertrek afrekenen. Ik dacht opeens aan de huur van het kluisje. Daar hadden we ook een rekeningbon voor getekend, maar we hadden toch ook aan het hotelpersoneel betaald...? Afijn, wij naar de receptie waar onze bon vivant erbij werd gehaald; die ontkende in alle toonaarden dat hij 10,50 euro van ons had ontvangen.

Het all-inclusivehotel telt zo'n driehonderd kamers. Het eten was niet bepaald top; lange rijen voor het buffet en in no time waren veel gerechten op. Wat er nog wel lag, was vaak koud. Nou ja, dat neem je dan maar op de koop toe. Wat veel irritanter was, is dat we door vrijwel al het mannelijk personeel zijn benaderd om met ze uit te gaan. Tja, bij ons in België is het zeer ongebruikelijk dat personeel je zo'n aanzoek doet. Dat het in het buitenland anders is oké, maar als er letterlijk en figuurlijk om de haverklap op de deur wordt geklopt, dan heb je het wel een keertje gehad.

Op onze laatste dag moesten we 's middags om twaalf uur de kamer verlaten. Omdat wij hierover niet waren geïnformeerd en nog even waren zwemmen, verlieten wij iets te laat de accommodatie. Nou, dat was dus meteen kassa: we kregen van het hotel een boete van 40 euro opgelegd. Zoveel geld hadden wij niet meer bij ons. Toen de bus kwam om ons op te halen en weg te brengen naar het vliegveld, zag ik iemand van de receptie praten met de reisorganisatie. We kregen te horen dat we niet mee konden en de bus moesten verlaten. Vreselijk, je wordt voor een compleet reisgezelschap als crimineel te kijk gezet. Tot onze opluchting heeft een medepassagier het geld betaald. Op de achtergrond zagen we het personeel schaapachtig lachen. Nee, we hebben het even he-le-maal gehad met Turkije...'

Op de bonnefooi met rugzakje door China

Veel toeristen gaan tot in de puntjes voorbereid op vakantie en laten niks aan het toeval over. Dat is helemaal niets voor Sophie Bentein en Steven Vermeulen uit het Belgische Mechelen. Het liefst bezoeken ze onbekende bestemmingen in Thailand, Cambodja en China.

'We boeken uitsluitend de vliegreis. Als we geland zijn binden we de rugzak op en zoeken het verder helemaal zelf uit. Dat valt tijdens een vierweekse rugzakvakantie in China niet altijd mee. Woordenboekje bij de hand, maar het blijft behelpen. Je bent aangewezen op gebarentaal en dat vergt veel geduld. Chinezen zijn zeer behulpzaam en vriendelijk, dat scheelt. Of het moeilijk is door het "gesloten" China te reizen? Absoluut niet. We waren vooraf gewaarschuwd dat het erg moeizaam zou gaan, maar dat viel reuze mee. Met uitzondering van de vliegtickets naar Beijing, hebben we alles in China zelf geregeld, van bus en trein tot binnenlandse vlucht. Het duurt wel allemaal iets langer, omdat de taalbarrière groot is.

Met name het reizen per trein was een geweldige belevenis; dwars door China krijg je fantastische beelden voorgeschoteld. Maar ook het slenteren door Beijing en de uitgestrekte rijstvelden maakte veel indruk. Tijdens een van onze tochten door een zeer dun bevolkt gebied kwamen we twee schatten van kinderen tegen. Ze waren heerlijk aan het donderjagen bij een uitgewoond huisje.
Uiteraard heeft China ook minder leuke kanten. Het blijft vreemd dat het heel gewoon is om op de grond te spuwen. En iedereen wil met je op de foto. In het begin is dat nog wel leuk, maar na twintig keer... Ach, we stelden ons maar geroutineerd op: keep smiling. Waar we niet aan konden wennen zijn de openbare toiletten, soms wel met z'n tienen naast elkaar in een gootje. Zonder tussenschotjes!

Op zoek naar overnachtingsmogelijkheden kregen we spontaan hulp van voorbijgangers. Meestal sliepen we in goedkope Chinese hotelletjes, alleen in Shanghai in een duurder westers hotel. China is geen goedkoop land, zeker niet als je door andere Aziatische landen hebt gezworven. Het vervoer is relatief duur, maar als je de megatoeristische pleisterplaatsen mijdt, kun je toch redelijk goedkoop reizen.

China is volstrekt anders dan de westerse cultuur. Je moet wel een open mind hebben, niet meteen met je eigen (voor)oordeel klaarstaan. De Chinezen vinden het leuk om Europeanen te ontmoeten. Ze vinden ons enerzijds heel cool en trendy, maar denken daarnaast dat we alles in de schoot geworpen krijgen en dat we het niet zo nauw nemen met de (familie)waarden en normen. Het is een veilig land om in rond te reizen. We hebben ons geen moment angstig gevoeld. Alleen in Beijing gedroegen studenten van de kunstacademie zich soms opdringerig. Ze spreken je op straat aan, werpen zich op als je beste vrienden en proberen vervolgens een tekening te slijten – die blijkt achteraf geen cent waard te zijn. Maar ach, waar hebben we het dan over? China is echt een te gek land!'

Opmerkelijk

'Liggen we lekker op het strand van Rhodos te bakken, komt er een ouder stel naast ons liggen; dat blijken Schotten te zijn. Ze gaan liggen en smeren zich in met zonnebrandolie. Draait de man zich op z'n buik, zie ik vliegtickets op zijn rug kleven. Afijn, ik heb het stel daar even op geattendeerd. Wat blijkt: ze zouden 's avonds vertrekken en waren hun tickets kwijt. Het personeel had het hele hotel uitgekamd, het restaurant doorzocht en afvalbakken omgekeerd, maar geen vliegtickets. Wat was er nu gebeurd? De echtgenote had 's ochtends de koffers ingepakt en de reisdocumenten even op bed gelegd. Haar man was even op bed gaan liggen en toen zijn de tickets op zijn rug blijven kleven...'

Tjenne, België

Reisfotograaf altijd op zoek naar unieke momenten

Zijn archief telt ruim 10.000 foto's. Kleurrijke beelden uit India en het dagelijks leven van Cuba. Maar ook pakkende prenten van straatkinderen, een cultuurfestival in Denemarken en de indrukwekkende natuur van Zuid-Afrika. Hans Hendriksen (49) uit Haarlo maakt twee grote reizen per jaar; zijn werk verkoopt hij over de hele wereld. 'Maar geld is nooit mijn drijfveer. Ik ben altijd op zoek naar nieuwe ontmoetingen en het vastleggen van unieke momenten.'

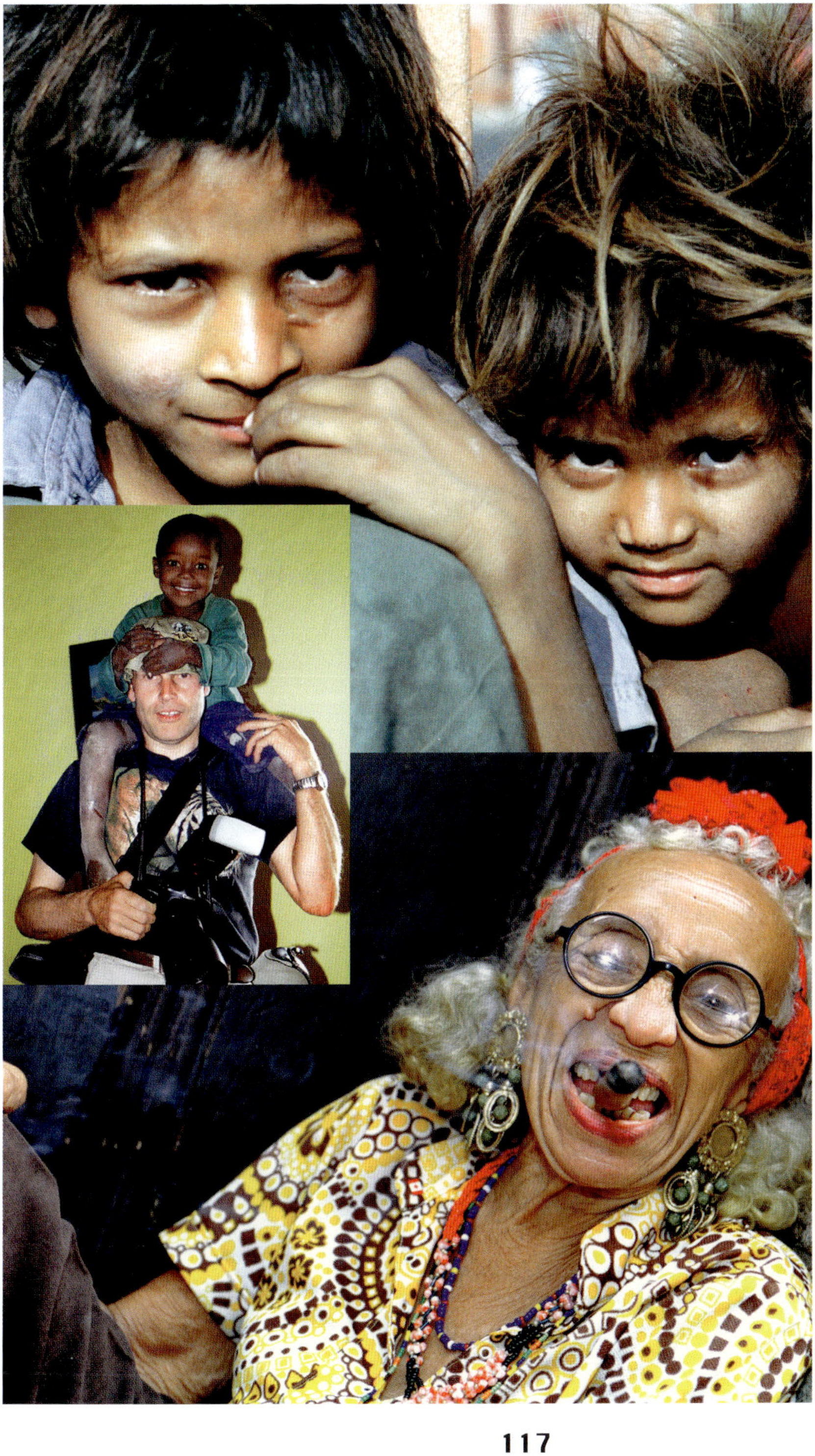

Wat is jouw tip tegen muggen?

1. Ik houd ramen en deuren gesloten 35%
2. Ik sla ze allemaal dood 33%
3. Ik doe niets 26%
4. Ik verjaag ze met rook 5%
5. anders *1%

Bron: bezoekers Zoover.nl

*** Een andere remedie die wordt genoemd, is om enkele weken voor je vakantiereis extra vitamine B te slikken. Het verandert de geur van je lichaam en daar zouden muggen niet van houden. 'Werkt goed,' zegt de één, 'geen effect,' vinden anderen. Oplossingen die ook worden genoemd: vis eten met wit vlees, spray Glassex en bekertje citroensap. Een alternatief middeltje tegen de jeuk van een muggensteek: smeer op de plek een beetje tandpasta, na 8 minuten is de jeuk weg!**

Op zijn website www.hanshendriksen.net staan meer dan duizend foto's van reizen naar onder meer Azië, Afrika, Midden en Zuid-Amerika. Reclamebedrijven, de reisbranche, lifestylebladen en particulieren uit alle werelddelen bestellen zijn foto's. 'Ik ben er weliswaar professioneel mee bezig, maar ik hoef er niet van te leven. Ik ben internationaal accountmanager in systemen voor spoorweginfrastructuur. Ik zou het niet anders willen. Omdat ik financieel niet afhankelijk ben van de reisfotografie, geeft het mij de vrijheid om volledig mijn hart te volgen. Ik kies landen en gebieden die mijn nieuwsgierigheid opwekken. Meestal met mijn vriendin samen, reizen we dan vier weken rond. Op het moment dat ik het vliegtuig instap begint de adrenaline te stromen. Het is net of ik vanaf dat moment naar een film kijk. Onafgebroken gefocust om in deze movie de unieke momenten vast te leggen met mijn camera. Die onrust van het steeds op zoek zijn naar het volgende moment wordt mijn vriendin wel eens teveel. "Hans, houdt het nu nooit op?", verzucht ze dan.

Ik fotografeer bij voorkeur mensen en dieren. Een fraai landschap of stuk ongerepte natuur kan interessant zijn, maar mist vaak de emotie en de kracht van het unieke moment dat je kunt vastleggen bij mens en dier. Ik bezoek graag culturele festivals. Heel inspirerend. Het is een verzamelplek van uiteenlopende mensen, tradities en kleuren. Mijn foto's moeten een verhaal vertellen. Dat verhaal is gevangen in die ene fractie van een seconde. Druk je een tel te vroeg of te laat af, dan is het niets. Tja, wat is een goede foto? Het vertrekpunt is eigenlijk een samenkomen van wat je ziet, voelt en weet. De kunst is om daarbij een spannende compositie te maken. Ik fotografeer mijn onderwerp het liefst van dichtbij; een telelens creëert in alle opzichten afstand. De omstandigheden waaronder ik fotografeer variëren sterk. In Siberië moet je al op je tellen passen als je een treinstation klikt; de politie daar is in staat je rolletje af te pakken. India is het meest inspirerende land. Ik ben er meerdere keren geweest, maar het blijft verrassen. De kleuren, de mensen, het contrast... je krijgt er nooit genoeg van!

Ik sjouw altijd 9 kilo aan apparatuur met me mee. Sommigen duiken verschrikt weg als ze mijn camera's en lenzen zien. In Zuid-Amerika is het helemaal een opgave om mensen te fotograferen. De Indianen zijn bang dat hun geest wordt gestolen als er een foto van ze wordt gemaakt. In India is het omgekeerd: ze voelen zich vereerd als je ze met jouw imponerende camera hebt uitverkoren. In veel landen is het heel gewoon dat je moet

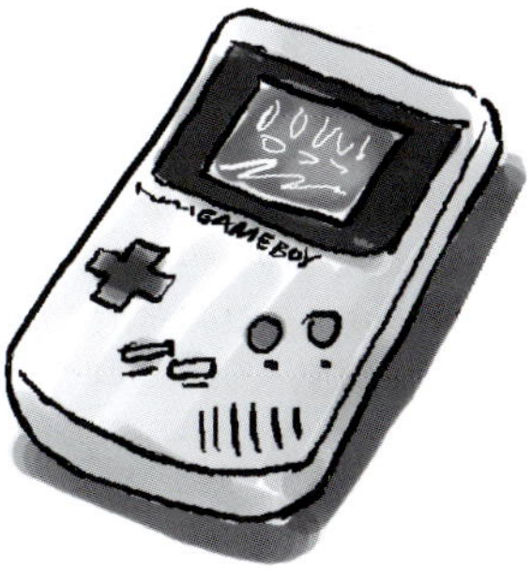

Hoe houd je de kinderen zoet?

1. **Mijn kinderen vermaken zichzelf uitstekend 61%**
2. **We gaan altijd naar een accommodatie met animatie 27%**
3. **Computerspelletjes meenemen 7%**
4. **We kiezen een plek met veel landgenoten 5%**

Bron: bezoekers Zoover.nl

betalen om iemand op de foto te zetten. Je kunt daar wel heel principieel in zijn en het niet doen, maar ik heb het geaccepteerd. Toen ik in Vietnam vriendelijk werd uitgenodigd bij een begrafenis en van dichtbij mocht fotograferen, heb ik een flinke bijdrage op de offerschaal gelegd.

Ik bewaar een bepaalde afstand tot mijn onderwerp; ik ben vooral visueel ingesteld. Mijn vriendin is een tegenpool: die praat honderduit en wil alles over de cultuur weten. Ik heb wel altijd respect voor mijn onderwerp. In een enkel geval maak je geen foto omdat een situatie te confronterend is. Ik heb lang zitten dubben of ik een foto zou maken van een meisje met een misvormd hoofd. Ik heb het uiteindelijk toch gedaan, maar zal de foto nooit op mijn homepage zetten. Het moet niet zoiets worden als aapjes kijken of sensatie zoeken.

Ik heb inmiddels meer dan 25 landen bezocht en fotografeer nog steeds analoog. Wat de kwaliteit betreft kan digitaal daar nog net niet aan tippen. Ik gruwel van alle fotografen die met een digicamera maar raak schieten en steeds snel naar hun lcd-schermpje kijken of er “iets” tussenzit. Dat heeft niets met fotografie te maken, dat is plaatjes schieten. Ik zweer bij de fotorolletjes. Na elke afdrukklik ben ik weer scherp voor het volgende moment. Pas thuis als de filmrolletjes zijn ontwikkeld, zie ik het resultaat. Ik voel me daar prettig bij.
Mijn foto’s zijn momenten van een bijzondere ontmoeting. Die moeten authentiek zijn. Dat is de reden waarom ik mijn foto’s nooit manipuleer. Wat je ziet is zoals ik het voor de camera kreeg. Door de opkomst van de digitale fotografie en beeldbewerking is het werkelijk te triest voor woorden om te ontdekken hoeveel er gemanipuleerd wordt. Tegenwoordig worden foto’s vanachter de computer gemaakt; je kunt het precies zo veranderen als je het hebben wilt. Dat zijn geen foto’s meer, maar is visual art. Mijn droomwens was om ooit een keer in het blad National Geographic te staan. Nou, daar ben ik nu wel van genezen; ook de foto’s in dit blad zijn door beeldbewerking volledig gemanipuleerd.

Tijdens mijn reizen kom ik veel toeristen tegen. Een aantal van hen vraagt geïnteresseerd wat je doet, als ze mijn camera-uitrusting zien. Verder heb ik niet zoveel met toeristen. Ze zijn

vaak een sta-in-de-weg als ik fotografeer. Soms zorgen ze juist voor afleiding en kan ik mijn snapshot maken.'
Ondanks zijn afkeer van de digitale fotografie zal Hans toch de overstap maken. 'Het grote voordeel is dat je de ISO-waarde per foto kunt veranderen. Bij de analoge fotografie zit je vast aan een heel rolletje. Ik heb wel met mezelf de afspraak gemaakt dat ik het lcd-schermpje afplak en de foto's pas thuis ga bekijken.'

Sullige ezelsafari wordt helse tocht

Ezelsafari's heb je in de zuidelijke vakantielanden in overvloed. Wat ze vaak gemeen hebben, is dat het nogal sullige tochten zijn waarbij de ezels nauwelijks vooruit te branden zijn. Maar op Lesbos gaat het er heel anders aan toe, zo ontdekte Fenny Koens uit Middenmeer. Het werd een helse tocht vol verrassingen.

'Mijn man en ik waren dertig jaar getrouwd en het leek ons leuk om dit met de twee dochters en schoonzoon op Lesbos te vieren. De ezelsafari leek ons meer iets voor de mannen, wij vrouwen vonden het te eng. De hostess verzekerde echter dat de begeleider in twee seconden ziet welke ezel bij wie past. Dus wat doe je dan? Afijn, de voortekenen waren al niet best. Het busje dat ons zou ophalen bleek ons te zijn vergeten. We zijn vervolgens zelf te voet naar de donkeyfarm gelopen. Meer dan 25 deelnemers, kinderen en volwassenen, kregen allemaal een ezel toegewezen.

Ik werd aan Maria gekoppeld, een zeer mak ezeltje voor deze angstige vrouw, zo verzekerde de eigenaar mij. Vanaf het moment dat ik op de ezelrug zat ging het meteen mis. "Stuurloos" raakte ik een afrasteringdraad en betonnen paal. Vervolgens stoof Maria als een dolle diagonaal tussen alle ezels en mensen door. Ik kon alleen maar schreeuwen "Pas op, uit de weg". Een vrouw werd opzij gezwiept. Toen Maria tot bedaren was gekomen, ging eindelijk het hek open en konden we aan onze safaritocht beginnen. Samen met een andere ezel maakte Maria zich direct uit de voeten. Het "peloton" kwam nauwelijks op gang en de achterblijvers weken meteen van het pad af en klommen de heuvels in. Een aantal berijders viel van hun ezel.

De sfeer werd er niet beter op. We twijfelden aan de capaciteiten van onze begeleider. En was één begeleider niet wat weinig op zo'n grote groep? Hij schreeuwde steeds aanwijzingen naar ons, "don't shout at the donkey" of "stop the donkey". Na een tijdje leek het erop dat de groep eindelijk bij elkaar was, maar het volgende onheil kondigde zich aan. Op een boerenerf stond een hond te blaffen, het paard dat er stond begon te briesen en de kippen begonnen onrustig te kakelen. Opnieuw stoven de ezels alle kanten op. Maria sloeg in galop op de vlucht. Het voelde of ik op een rodeostier zat, mijn hart sloeg over. Met behulp van de boer werd de orde hersteld. Ik dacht "bekijk het maar" en ben naast de ezel van twee kleine kinderen gaan lopen om die op hun gemak te stellen. Eén kind zakte steeds verder weg uit het zadel. De eigenaar wilde het zadel beter vastzetten, waarop het touw brak...

Dat was voor mij de bekende druppel. Ik ben teruggelopen en hoorde later tot mijn opluchting dat de groep het er zonder verdere kleerscheuren van af heeft gebracht. Ik heb wel de hostess gebeld en die vertelde dat het zo echt niet kan. Ze nam contact op met de eigenaar en die bood zijn excuus aan. De hostess gaf mij, uit zichzelf, het deelnemersgeld van 20 euro terug. Eind goed, al goed, zullen we maar zeggen.'

Tsunamihulp aan werkloze chauffeur

In 2000 reed taxichauffeur Ananda de Silvade op Sri Lanka toeriste Ina Deurloo uit Goes naar het ziekenhuis in Kalutera. Hij is heel de dag bij haar gebleven. De zorgzaamheid bleef niet beperkt tot de opnamedag, het resulteerde zelfs in een blijvend schriftelijk contact. Bij Ina is de ongeneeslijke ziekte non-Hodgkin geconstateerd. Het gaat redelijk goed met haar. Ananda werd in 2004 getroffen door de tsunami. Nu probeert Ina er voor hem te zijn.

'Op 27 december 2004 viel er een kerstkaartje van Ananda door de brievenbus op de deurmat. Een uur later meldt Omroep Zeeland dat Sri Lanka is getroffen door een tsunami... Op het kaartje stond dat hij net een telefoonaansluiting had gekregen en ik ben dus onmiddellijk gaan bellen, maar kreeg geen gehoor. Het Rode Kruis ingeschakeld, maar ook dat bleef zonder resultaat. Na veertien dagen kreeg ik eindelijk contact met Ananda: hij had twee benen gebroken en dagenlang op hulp gewacht. Zijn vrouw was gelukkig ongedeerd.

Het contact is door de tsunami intensiever geworden, zowel per telefoon als brief. Ik ben gescheiden en heb een kostganger die veel voor me doet. Door een belastingteruggave en vakantiegeld konden we in 2006 terug naar Sri Lanka. Nee, we hadden Ananda en zijn vrouw niets verteld, het moest een verrassing blijven. Het weerzien was enorm emotioneel. Hij is 55 en zij is 53 jaar, ze hebben geen kinderen en zitten sinds de tsunami zonder werk. Ananda was als taxichauffeur in dienst van hotel Bayroo, maar dat is weggevaagd. Hij heeft geen geld om een eigen taxi te kopen. Ze krijgen van de gemeente € 30,- per maand om in hun levensonderhoud te voorzien – dat is volstrekt ontoereikend. Wij sturen af en toe geld op, maar we moeten zelf ook op de kleintjes letten.

Ondanks alle ellende hebben ze ons fantastisch ontvangen. Ananda wierp zich op als persoonlijke reisgids, hij heeft ons overal mee naartoe genomen. Veel locaties waar de gemiddelde toerist niet komt. Hij weet precies waar je lekker kunt eten en shoppen. Met z'n vieren naar het fullmoonfeest geweest. Stonden we als enige westerlingen tussen de lokale bevolking.

Midden in de jungle tempels bezocht, in de rimboe plekjes gezien waar nog nooit een blanke is geweest. Onvergetelijke ervaringen. Het zou prachtig zijn als andere toeristen die naar Sri Lanka gaan Ananda inschakelen als reisgids. Het mes snijdt aan twee kanten: je helpt hem om te overleven en je bent zelf verzekerd van een unieke vakantie. Mensen die met hem in contact willen komen, kunnen mij mailen ca.deurloo@hetnet.nl.'

Verdwalen op grootste cruiseschip ter wereld

De Queen Mary 2 is met een lengte van 345 meter en een hoogte van 72 meter het grootste cruiseschip ter wereld. Het telt maar liefst 17 dekken en er kunnen 2620 passagiers mee, die in de watten worden gelegd door 1250 bemanningsleden. 'Het is zo groot en imponerend. Je hebt tijdens de cruise eigenlijk geen moment het gevoel dat je op zee zit,' bekennen Ilse en Pascal Verspreet uit het Belgische Tessenderlo.

'Het was onze eerste cruise. We kozen bewust voor de Queen Mary 2, omdat dit het grootste cruiseschip ter wereld is. Bovendien konden we voor een scherpe prijs boeken. Het is echt een fabeltje dat zo'n trip alleen is weggelegd voor de

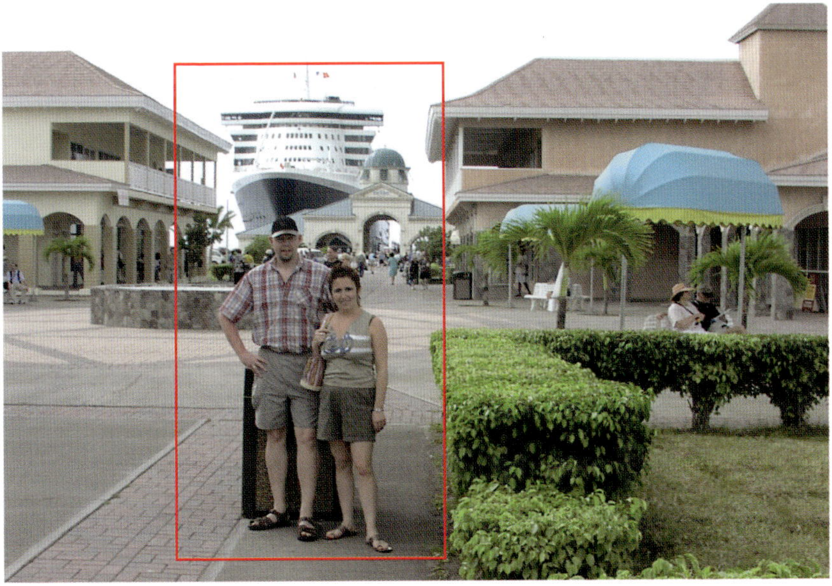

superrijken. Wij betaalden voor een achtdaagse cruise, inclusief vliegretour vanaf Brussel, 2500 euro per persoon. Dat is op basis van volpension en vrij drinken, met uitzondering van alcoholische dranken.'

De cruise ging via New York naar St. Maarten, Porto Rico en St. Kitts, terug naar New York. Ook de snelheid waarmee de Queen Mary 2 vaart, is indrukwekkend. 'Het schip haalt een topsnelheid van 56 kilometer per uur. Het is daarmee het snelste cruiseschip. Dat hebben we gemerkt, want we haalden met gemak kleinere cruiseschepen in.'

De bouw van de Queen Mary 2 in het Franse Saint-Nazaire nam vier jaar in beslag. In 2004 maakte het de eerste cruise. Het 800 miljoen dollar kostende schip is eigendom van de Britse rederij Cunard Line en telt 1310 hutten. In 2006 verloor het de titel van grootste schip bijna aan de Freedom of the Seas. Weliswaar kunnen hier meer mensen aan boord, maar met een lengte van 345 meter en een hoogte van 72 meter blijft de Queen Mary 2 de grootste in omvang – en dat hebben Ilse en Pascal geweten ook! 'Overal aan dek en in de liften hangen plattegronden, en dat is beslist geen overbodige zaak. We hebben drie dagen nodig gehad om op het schip een beetje onze weg te vinden. Zelfs als je alle twee op hetzelfde dek bent, is de kans dat je elkaar spontaan tegen het lijf loopt nihil. En voor liefhebbers van een ochtendwandeling: een uur stappen op de Queen Mary 2 is niet meer dan een klein ommetje.'

Tijdens de trip van Ilse en Pascal waren er tweeduizend gasten aan boord. Zo'n 1600 Amerikanen, 300 Engelsen en 100 Europeanen. 'Werkelijk alles is op de Queen Mary 2 aanwezig: restaurants, pubs, theaters, bioscopen, fitness- en sportfaciliteiten een casino, je kunt het zo gek niet bedenken. En vrijwel alles is 24 uur per dag geopend, dat is fantastisch. Heb je zin om iets te eten, dan schuif je gewoon aan. Niets op afspraak en gezette tijden. Die vrijheid is de grootste luxe aan boord.'

Ze zijn tijdens de achtdaagse cruise in totaal nog geen 24 uur aan land geweest. 'We zijn tijdens de drie tussenstops wel van het schip gegaan, maar eerlijk gezegd was het geen straf om weer aan boord te gaan. De verzorging is een dikke tien. We gingen ook echt voor die perfecte voorzieningen op het schip, en niet zozeer voor de uitstapjes. Ja, eigenlijk speelt zo'n reis zich helemaal op het schip af. Je krijgt weinig van de omgeving mee, hoort geen motoren en voelt geen zeedeining. Feitelijk zou het cruiseschip best permanent aan de ketting op een vaste stek kunnen liggen...'

Verliefd de reisleidster achterna

Reisleidsters weten vaak de ogen op zich gericht te houden. Natuurlijk in de eerste plaats als vraagbaak voor de vakantiegangers, maar soms ontstaat er meer. Het hart van Ed Mijnans (45) uit Zaltbommel ging sneller kloppen toen hij op Cyprus reisleidster Ingrid Meijer (40) ontmoette. Het gevoel bleek wederzijds. 'We willen gaan samenwonen op Mallorca, maar tot die tijd reis ik haar overal achterna, want we móeten elkaar minimaal eens per maand zien.'

'Het was liefde op het eerste gezicht. Ingrid werkte als reisleidster op Cyprus. Ik vroeg haar uitleg te geven over het excursieaanbod. Het klikte meteen. Ze vertelde enthousiast over een catamarantocht rond Cyprus. Ik zei met een knipoog dat me dit wel leuk leek, maar uitsluitend als de reisleiding zou meegaan. We hebben elkaar tijdens deze trip beter leren kennen en toen is de vonk echt overgeslagen.

Ik maakte de achtdaagse reis samen met een vriend. Ja, dat voelde wel een beetje ongemakkelijk. Mijn aandacht ging uiteraard vooral uit naar Ingrid. Een "voordeel" was dat ze gewoon moest werken, dus konden mijn vriend en ik toch ook samen optrekken. Tijdens de uren die ik met Ingrid deelde, heeft ze veel van het eiland laten zien. En we hebben natuurlijk veel gepraat om elkaar beter te leren kennen. Ik werk als salesmanager en verkoop software aan het midden- en kleinbedrijf. Ik ben gescheiden en heb drie kinderen. Ingrid werkt ruim tien jaar in de toeristensector. Daarvoor had ze een baan bij een bedrijf waar ze bedrijfsadviezen gaf. Ze vertelde mij moeite te hebben met de onderlinge competitie en het ellebogenwerk. Ingrid wilde haar blikveld letterlijk en figuurlijk verbreden en maakte de switch naar de reiswereld.'

'Ze heeft het als reisleidster geweldig naar haar zin en heeft inmiddels onder meer in Tsjechië, Turkije, op Samos, Cyprus, Lanzarote en Fuerteventura gewerkt. Momenteel is Ingrid teamleidster van de vijf reisleidsters op Mallorca en verblijft ze sinds augustus 2005 bij mij als ze in Nederland is.

We delen dezelfde interesses en humor, zitten op hetzelfde level en onze levensopvattingen komen ook exact overeen. Echt, we móeten elkaar elke dag even gehoord hebben. Daarnaast sms'en en mailen we dagelijks. Tussen mijn drie kinderen en Ingrid klikt het heel goed. We zijn onlangs met z'n allen een weekend naar Port Zélande geweest en hebben daarna een gezellig feest bij mij thuis georganiseerd voor alle familie, vrienden en kennissen van ons beiden, om elkaar te leren kennen.'

'Elke maand ga ik enkele dagen naar Mallorca, meestal van don-

derdag tot zondag. Een voordeel is dat er dagelijks vluchten op Mallorca zijn, maar de schaduwzijde is dat het financieel flink in de papieren loopt. Soms gaan de kinderen ook mee. Uiteraard zijn we met de toekomst bezig. Ik loop ruim twintig jaar mee in allerhande commerciële managementfuncties en deel een beetje het gevoel dat Ingrid had toen ze brak met haar vorige werk. Ik heb op Mallorca enkele hengeltjes uitgeworpen om daar aan het werk te gaan. Daarnaast heb ik de zorg voor mijn 11-jarig zoontje en kijk ik dus ook naar de onderwijsmogelijkheden op Mallorca. We willen het liefst een pensionnetje kopen, dat opknappen en een gedeelte verhuren. Tja, waar zo'n achtdaags uitstapje naar Cyprus al niet toe leidt...'

Volop genieten in voormalige Oostbloklanden

Een stugge bevolking, armoede, criminaliteit en grauwe steden. Zie daar het beeld dat veel mensen hebben van de voormalige Oostbloklanden. Marian (55) en Martin (54) Jochemsen uit Barneveld zien het anders. Sterker nog, ze gaan sinds tien jaar bij voorkeur naar Tsjechië, Hongarije, Roemenië, Polen en Slowakije.

'Ver weg van het massatoerisme ontmoeten we veel authentieke mensen, culturen en plaatsen. Hoe je behandeld wordt, hangt vooral sterk af van je eigen houding. Onze ervaringen zijn heel positief. We gaan al jaren naar het oosten. De rust en ruimte, de prachtige natuur en lage prijzen maken deze landen zeer aantrekkelijk. Wat de vermeende criminaliteit betreft, daar kunnen we kort over zijn: nog nooit iets van gemerkt. In delen van Polen, Roemenië en Slowakije is zeker sprake van armoede. Met name in de afgelegen gebieden waar Romazigeuners wonen, kan het er zeer triest uitzien. Wat de stugge bevolking betreft? Ach, het ligt vooral ook aan je eigen houding. Ben je open, dan zijn de reacties niet anders dan in Frankrijk of in eigen land. Het is waar dat je tijdens een fietstocht niet door iedereen begroet wordt. Dat heeft niets met stugheid te maken, maar met de volkscultuur. Als je diezelfde mensen de weg vraagt, zijn ze bij wijze van spreken bereid je een lift te geven of je zelfs naar de plaats van bestemming te brengen.

Natuurlijk zijn er in de voormalige Oostbloklanden wel onderlinge verschillen. We waren zes jaar geleden in Oost-Polen en nu weer. De vooruitgang is duidelijk zichtbaar: meer mooie auto's, de mensen zijn beter gekleed en je ziet minder braakliggende landbouwgrond. Het prijsniveau gaat langzaam omhoog, maar voor westerlingen is het nog steeds zeer goedkoop. Qua natuur zijn Roemenië en Slowakije bergachtig, terwijl Noordoost-Polen met z'n glooiende landschap en ontelbare meren een fantastisch fietsgebied is. Het valt ons op dat steeds meer Nederlanders naar Tsjechië komen. Roemenië en Polen, en zeker de gebieden die wij bezochten, zijn vrij van buitenlandse toeristen. Zo zagen wij in twee weken Noordoost-Polen geen enkele keer een niet-Pools nummerbord!

Nooit meer planten water geven

'Als we met vakantie gaan hoeven we nooit iemand te vragen om onze planten water te geven, want we hebben een eenvoudige oplossing bedacht. Ik pak een wollen draad en hang het begin in een bak met water. Vervolgens breng ik de draad naar de eerste plant en leg de draad op een stukje aarde. Daarna breng ik de draad naar de volgende plant, enzovoort. Heel geleidelijk zuigt de draad zich vol met water en geeft het vocht af aan de planten. We gaan meestal vier tot zes weken weg. Als we terugkomen staan de planten er tiptop bij, zonder dat ik iemand heb moeten vragen voor mijn planten te zorgen.'

Stien Smeenk, Groessen

Meestal boeken we een vakantiehuisje en trekken er dan met de fiets of auto op uit om de omgeving te verkennen. Naast de prachtige ongerepte natuur zijn ook oude steden als Gdansk, Krakow en Pecs een bezoek meer dan waard. Of er ook mindere kanten kleven aan de Oostbloklanden? Nou ja, als het slecht weer is, heb je weinig mogelijkheden voor vermaak. Je kunt een stad bezoeken, maar voor kinderen wordt het een stuk moeilijker. Kastelen, musea en nationale parken zijn schitterend, maar slechts een enkele keer wordt er uitleg gegeven in het Duits of Engels. Het wegen- en fietsnet is ook niet zoals we dat hier kennen; veel kuilen en gaten, met name in Roemenië. Dat schiet niet echt op, maar heeft voor ons wel z'n charmes!

De lage prijzen maken de voormalige Oostbloklanden ook aantrekkelijk. We zijn net terug uit Polen. We hebben nog een weekje in het gebied de Tatra gezeten, om precies te zijn in Zakopane, dé toeristenplaats van deze streek. Voor een zeer compleet diner, inclusief de nodige drank, waren we met z'n tweeën nog geen 30 euro kwijt. In de supermarkten is echt alles verkrijgbaar tegen prijzen die de helft lager liggen dan in eigen land. We zijn nog lang niet uitgekeken in het voormalige Oostblok. Bulgarije staat ook hoog op het verlanglijstje.'

Vrouwen opgesloten in kerkers van oorlogsmuseum

Op aanraden van een hostess besloot Tonnie Hoefnagels van Rooij uit Oss samen met haar vriendin een bezoekje te brengen aan het Malta War Museum. Het museum bevindt zich in ondergrondse kerkers met een doolhof aan lange smalle gangetjes. De reisleidster had geen woord teveel gezegd: het werd een museumbezoek dat je bijblijft, hoewel dit meer met angstige momenten, dan met interessante geschiedschrijving te maken had…

'Het was rond half vier 's middags toen we een kaartje kochten en een haarnetje en gele helm in ontvangst namen. We kregen een A4'tje met de route toegestopt en daalden vervolgens de trappen af en de kerkers in. Gangetje in, gangetje uit, trapje op, trapje af. Het werd allemaal steeds smaller. De kerkers waren bovendien spaarzaam verlicht. We zeiden nog tegen elkaar: "Je moet er toch niet aan denken dat de stroom uitvalt." We hadden het nog niet gezegd of rond vier uur werd het pikkedonker. Alle verlichting was uitgevallen. Daar stonden we dan: we konden geen hand voor ogen zien en er was verder niemand in de buurt.

Het was ondoenlijk om op de tast door het doolhof aan gangetjes en trappetjes terug te lopen naar de uitgang. Hand in hand zijn we toch een stukje teruggegaan tot aan een deur en een koelinstallatie. Daar haalden we ons A4'tje met de route

Azijn tegen door zon verbrande huid

Niets is vervelender dan een verbrande huid door te veel zon, zeker bij kinderen. Wij hebben een probaat middel dat overal te koop is: azijn. Gewoon een kwestie van een doek of toiletpapier deppen in azijn en dat op de verbrande plek leggen. Het werkt perfect, maar je moet het niet doen bij brandwonden.'

Debora Capilitan, Monster

Vakantiekaart post je het best op...

Schiphol

Iedereen heeft het wel eens meegemaakt: stuur je tijdig vanaf je vakantieadres een kaartje naar vrienden en na thuiskomst is de post nog steeds niet overgekomen. Sterker nog, soms komt de vakantiekaart zelfs nooit aan. Hubert Lahaye pakt het anders aan: 'Neem je vakantiekaarten en brieven gewoon mee terug naar Schiphol en plak er een exotische postzegel op uit 'Verweggistan'. Doe de post vervolgens in de brievenbus op Schiphol en je post is de volgende dag bezorgd. Direct na de uitgang van de aankomsthallen 1, 2, 3 en 4 staan vier brievenbussen. Niet overtuigd? Je kunt deze postalservicelocaties terugvinden op de plattegrondkaart van Schiphol.'

Hubert Lahaye, Valkenburg aan de Geul

tevoorschijn en we ontdekten een telefoonnummer. Met ons mobieltje, dat we gelukkig bij ons hadden, belden we het nummer. Een vrouw nam op. Ik vertelde dat we twee dames uit Nederland waren en geen kant op konden, omdat we "gevangen zaten" in de kerkers van het Malta War Museum. Haar stem stokte, vervolgens kregen we opdracht op onze plek te blijven. Ze beloofde onmiddellijk hulp te regelen. Na twintig angstige minuten in het pikkedonker floepte plots het licht weer aan.

We besloten direct terug te lopen. Halverwege snelden de directeur van het museum en een medewerker ons tegemoet. Ze boden duizendmaal excuus aan en boven kregen we een stoel en jus d'orange aangeboden. Wat bleek? Het museum gaat om vier uur 's middags dicht en men was vergeten dat wij nog onder de grond zaten. De medewerkster had keurig alle stroom uitgeschakeld en de toegangsdeur op slot gedaan. Je moet er niet aan denken wat er zou zijn gebeurd als wij geen mobieltje bij ons hadden gedragen en het telefoonnummer niet hadden ontdekt...'

Zielsgelukkig op een camping 'van niks'

'We komen al vijftien jaar op camping El Camell aan de Costa Brava in Pineda de Mar. Eigenlijk is het een camping van niks en het is de laatste jaren alleen maar slechter geworden – toch zijn we er met onze twee kinderen zielsgelukkig,' vertelt de familie Mooi uit Rozenburg.

'We hebben jaren geleden de caravan in Pineda de Mar achtergelaten. Elke zomer zijn we drie tot vijf weken op de camping. De eigenaar haalt onze caravan uit de stalling en dan staan we weer op onze vaste stek. De eigenaar heeft de camping vijf jaar geleden verkocht aan de gemeente, die wil er recreatiewoningen bouwen. Steeds opnieuw wordt de bouw uitgesteld en knoopt de campingeigenaar er een nieuw seizoen aan vast. Er wordt al jaren niets meer geïnvesteerd in El Camell; het sanitair is zeer matig, de glijbaan in het zwembadje heeft het begeven, de bodemgesteldheid van de paden is belabberd en het kampwinkeltje is gesloten.

De vele vaste gasten nemen het voor lief en blijven komen. Tja, wat maakt deze camping zo bijzonder? Er komen leuke mensen, we hebben er veel contacten. Onze kinderen Melissa (17) en Valery (15) hebben het nog steeds geweldig naar hun zin. Samen met andere jongeren gaan ze lekker stappen. El Camell ligt 300 meter van het strand, de omgeving is schitterend, groen en bergachtig, je wandelt zo naar enkele kleine leuke dorpjes. En wil je een keer naar Barcelona? Dat ligt op slechts 40 kilometer.

Hopelijk blijft de slopershamer nog jaren weg. En ach, het is hier vaak "mañana, mañana" – wat ons betreft mag dat wel even zo blijven.'

Zonneallergie wordt 3-jarige Britt bijna fataal

Zeven artsen stonden er om haar bed in het ziekenhuis. Nog nooit hadden de Turkse medici zo'n ernstige vorm van zonneallergie gezien. Voor de familie Haasjes uit Hoofddorp liep de tweeweekse vakantie met de drie kinderen in Alanya uit op een drama. 'Verschrikkelijk om je dochtertje van drieënhalf zo'n pijn te zien lijden. Het is een wonder dat ze het heeft gehaald,' vertelt moeder Esther Haasjes.

'Op de derde dag van onze vakantie de kinderen ingesmeerd met beschermingsfactor dertig en rond elf uur naar het strand. Al vrij snel werd Britt huilerig. Ze had de nacht ervoor slecht geslapen, dus hielden we het maar op vermoeidheid. De huilbuien werden steeds erger. Toen ik rond drie uur 's middags haar ruggetje wat rood vond, heb ik haar een T-shirt aangetrokken. Het ging al snel van kwaad tot erger, overal rode vlekken. In het hotel contact opgenomen met de reisleiding, die schakelde direct een arts in. Britt moest met spoed naar het ziekenhuis, er stond al een auto klaar. Ze was inmiddels totaal hysterisch van de pijn. In het ziekenhuis ging er meteen een injectiespuit in haar been. Ze moest op een ziekenhuisbed gaan liggen en zeven medici stonden druk te gebaren en te praten. Vervolgens werd haar hele lichaam met crèmes ingesmeerd. Daarna wilden ze dat Britt in het ziekenhuis zou blijven. Daar had ik geen goed gevoel bij. Met een handvol medicijnen zijn we teruggegaan naar ons hotel.

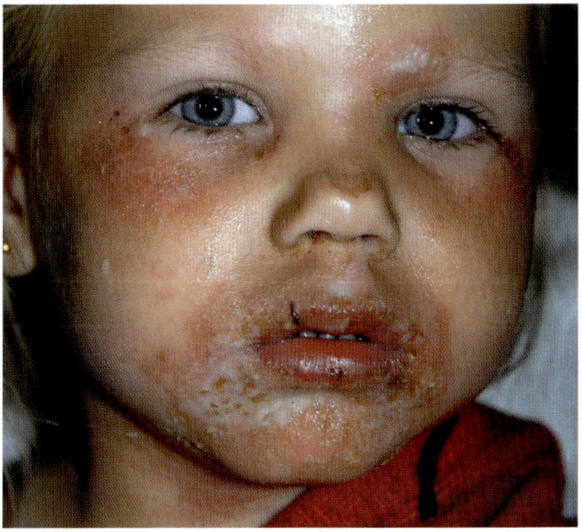

Ik weet niet wat ze mijn dochtertje hadden toegediend, maar ze was helemaal versuft. Toen ze de volgende ochtend wakker werd, was haar hele gezicht opgezwollen. We schrokken ons wild: de huid rond haar mond liet los, evenals bij haar nek, schouders, voeten en benen. Overal open wonden waar etter uitkwam. Britt gilde en huilde, kon geen aanraking verdragen. We besloten naar de hotelarts te gaan. Samen met een leerling-arts ging hij haar onderzoeken. Hij las de brief die de medici in het ziekenhuis hadden opgesteld en keek naar de medicijnen die we hadden meegekregen. De twee artsen kwamen tot een eigen conclusie: een combinatie van zon, zonnebrandmiddel en acute virusinfectie hebben Britt zo ziek gemaakt. Er is sprake van een zeer ernstige verbranding die zelfs in haar lichaam slaat. Als reactie stoot het lichaam de huid af en verschijnen over haar hele lichaam ontstekingen.

De artsen besluiten het hele lichaam te ontsmetten. Britt heeft echter zoveel pijn, dat ze eerst een verdovingscrème op haar lijfje smeren. Met engelengeduld werd ze ingesmeerd met een antibioticazalf en daarna met een ontstekingsremmende crème. Ze moest daarnaast drie keer per dag verschillende drankjes innemen plus antibioticapillen, zo schreven de artsen voor. Bovendien moest ze een week lang op de hotelkamer blijven met de airco op 23 graden. Contact met de zon was ten strengste verboden. Ze werd twee keer per dag door de arts in opleiding ontsmet en ingesmeerd. Dat deed hij met zoveel geduld en toewijding, ongelooflijk. Langzaam maar zeker ging het de goede kant op met Britt. Twee dagen voor vertrek naar Nederland vertelden de artsen dat ze met een dolmus een uurtje naar het strand mocht om haar vervolgens weer meteen te ontsmetten. Britt wilde daar niets van weten en wees naar het blauwe zwembadwater. Haar huid mocht echter niet in contact komen met het zwemwater. We hebben haar van top tot teen aangekleed, badlaken op het luchtbed en heen en weer gedobberd in het zwembad. Wat moet je anders als ouders? Ze was zo intens blij. Alle hotelgasten waren inmiddels op de hoogte van haar zonneallergie en leefden enorm met Britt mee.

Iedereen was zo opgelucht dat haar huid herstelde. We zijn de twee artsen intens dankbaar. Bij het afscheid moest de arts in opleiding zelfs een traantje wegpinken. Britt heeft een mooie tekening gemaakt en we hebben er een fles rode wijn met tien euro bij gedaan. Daar wilden de artsen niets van weten. We hebben zelfs nooit een nota ontvangen… We zijn in Nederland naar een arts geweest, hebben het verhaal verteld en foto's laten zien. Hij vertelde dat zijn Turkse collega's het super hadden aangepakt en dat waarschijnlijk een kleurstof in de zonnebrandcrème de boosdoener was. Dat is toch niet voor te stellen? Nota bene een zonnebrandmiddel speciaal voor kinderen! Britt heeft inmiddels een nieuwe huid. Uit voorzorg houden we haar voorlopig wel uit de zon.'

Met tractor vol idealen de wereld rond

Met een tractor vol idealen reist de 29-jarige Manon Ossevoort de wereld rond. De teller staat op ruim 17.000 kilometer en beide komen even op adem – Manon bij haar ouders in Vriezenveen, de tractor krijgt een onderhoudsbeurt bij een garagebedrijfje in Kenia. 'In 2008 willen we op de Zuidpool staan.'

Bleekjes en met flinke wallen onder de ogen opent ze de voordeur. 'Pff, het is best heftig allemaal,' verontschuldigt ze zich. 'Ik doe er een jaar over om per tractor via onder meer Frankrijk, Kroatië, Egypte en Ethiopië in Kenia uit te komen, maar binnen 24 uur ben ik vanuit de rimboe terug in Vriezenveen. Wel lekker om even een break te nemen. Mijn hoofd zit zo vol van alle ervaringen en ontmoetingen, het is heerlijk om even "uit" de reis te stappen en mijn hoofd leeg te maken.'

In 2001 wandelde ze in haar uppie van Lourdes naar Santiago de Compostella. En daar gebeurde het. 'Tijdens deze pelgrimstocht kreeg ik een soort visioen. Echt, binnen een uur viel alles

op z'n plek en was het idee geboren. Een reis per tractor naar het einde van de wereld, een trip van hoop en zoeken naar het goede in de mens, maar ook een reis naar de schaduwkanten van onze maatschappij. De Zuidpool staat symbool voor het einde van de wereld en geeft me een gevoel van ultieme vrijheid. Antarctica staat bovendien voor het onbedorvene en de oorsprong. En ja, die tractor is natuurlijk een ode aan mijn Twentse roots. Daarmee is de cirkel rond.'

Manon doorliep aan de Theaterschool in Amsterdam uiteenlopende opleidingen. In 2004 stond ze met een eigen voorstelling en tractor op het Oerolfestival van Terschelling. 'Het idee dat tijdens de pelgrimstocht ontstond liet me maar niet los, en het mondde uiteindelijk uit in deze wereldreis. Natuurlijk hoor je van alle kanten dat het kinderlijk naïef is, een wereldreis met een tractor en zo'n meiske alleen. Oké, je krabt je nog eens achter de oren... maar als je ergens werkelijk in gelooft, moet je ervoor gaan. Ik ben nieuwsgierig, wil geïnspireerd raken, betrokkenheid tonen en daar waar het kan zelf een positieve bijdrage leveren aan deze wereld. Om die reden heb ik een aantal goede doelen uitgekozen die ik op mijn reis bezoek, projecten voor straatkinderen, maar ik heb ook contact met War Child.'

Na een lange dag richt ze haar kampementje in en speelt Manon haar solovoorstelling voor dorpelingen en passanten. 'Het is een uitvoering zonder woorden, maar de gebaren en symboliek zijn universeel, voor iedereen te begrijpen. Het gaat over dromen, maar ook over kansen. Ik heb nog even overwogen om de voorstellingen in het Twents te doen om zo dicht mogelijk bij mezelf te blijven, maar daar zaten toch te veel haken en ogen aan. Mijn reis staat bol van de ontmoetingen. Het voordeel van het reizen met een slakkengangetje is dat je veel meer van het leven meekrijgt. Ik ben uiteraard een bezienswaardigheid, maar ik heb me nog geen moment bedreigd gevoeld, als vrouw alleen. Ach, het is ook wat je uitstraalt en hoog zittend in zo'n imposante tractor dwing je wel wat af, haha.

Ik neem geregeld lifters mee die bijvoorbeeld op weg zijn naar de markt. Met sommige mannen ben ik terughoudend, dan hef ik mijn armen omhoog en zeg: "I am a woman". Dan begrijpen ze vanuit hun geloof dat een vrouw geen man meeneemt, dat is wel makkelijk! Bovendien heb ik een reisgezel, de zwerfhond

Kosovo die ik in dit gelijknamige land heb gevonden. Hij is in Kenia gebleven en reist straks weer met me verder.

Een van mijn missies is geld inzamelen voor goede doelen en het bezoeken van hulpprojecten. Ik heb inmiddels ruim 7.500 euro bij elkaar. Geweldig hoe sponsoren en particulieren me helpen.' Haar ervaringen met de hulpverleningsinstanties zijn niet allemaal even positief. 'Helaas wordt er veel geld en energie ondoelmatig besteed. In Kosovo is de Verenigde Naties al jaren bezig om het dagelijks leven te verbeteren. Na al die jaren kampt de hoofdstad Prestina echter nog steeds met enorme problemen als het gaat om de water- en energievoorziening, en nu hebben ze uitgerekend een medewerker uit Ghana aangesteld die Kosovo "winterklaar" moet maken... dat is toch niet te geloven?

In Afrika is het mij opgevallen dat veel hulpprojecten te westers zijn; ze worden als het ware in een andere wereld geïmplementeerd. Sommige projecten worden zo zakelijk en afstandelijk ingevuld, je mist de echte betrokkenheid. Maar dat is niet overal zo, hoor. Ik heb initiatieven van War Child bezocht, echt fantastisch.'

Eind deze maand vliegt ze terug naar Nairobi voor het tweede deel van haar reis. Volgend jaar september moet Kaap de Goede Hoop in het vizier komen en dan de oversteek naar de Zuidpool. 'Veel is nog onduidelijk. Ik zoek nog sponsoren en je kunt niet zomaar met een tractor op een schip naar de Zuidpool. En daarna? Jeetje, da's nog zo ver weg. Met de tractor op een schip terugvaren naar de haven van Rotterdam lijkt me wel een mooie manier van "thuiskomen". Maar misschien heeft het leven iets totaal anders voor mij in petto...'

Op de website www.tractortractor.org is het verdere verloop van de wereldreis van Manon te volgen.

Dit boek kwam tot stand in samenwerking met Zoover.nl, een van de grootste onafhankelijke vakantiewebsites van Nederland. Zoover biedt reizigers een online platform waarop ze beoordelingen over vakantiebestemmingen en -accommodaties kunnen achterlaten.

Allerlei soorten vakanties kunnen worden beoordeeld. Van vakantieparken in Nederland tot resorts in Thailand en van cruises in de Caribbean tot wintersportchalets in de Alpen. Zoover is sinds november 2005 online en komt voort uit de website www.vakantiereiswijzer.nl. Op de site staan inmiddels meer dan 300.000 beoordelingen van reizigers. Daarnaast kunnen bezoekers foto's en filmpjes van accommodaties en bestemmingen plaatsen. En heb je via Zoover een leuke bestemming gevonden dan kun je meteen zien bij welke organisatie je de reis kunt boeken.

www.zoover.nl

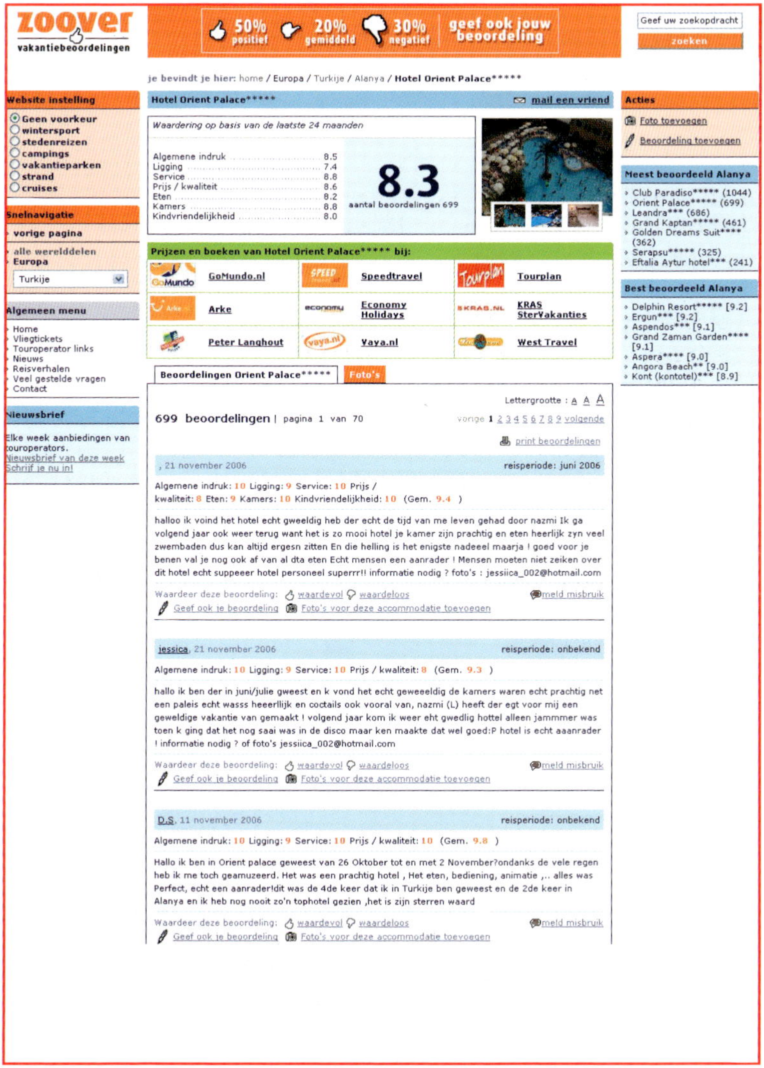

zoover vakantiebeoordelingen

50% positief 20% gemiddeld 30% negatief geef ook jouw beoordeling

Geef uw zoekopdracht

zoeken

je bevindt je hier: home / Europa / Turkije / Alanya / **Hotel Orient Palace*****

Website instelling

- Geen voorkeur
- wintersport
- stedenreizen
- campings
- vakantieparken
- strand
- cruises

Snelnavigatie

vorige pagina

alle werelddelen
Europa

Turkije

Algemeen menu

- Home
- Vliegtickets
- Touroperator links
- Nieuws
- Reisverhalen
- Veel gestelde vragen
- Contact

Nieuwsbrief

Elke week aanbiedingen van touroperators.
Nieuwsbrief van deze week
Schrijf je nu in!

Hotel Orient Palace*** mail een vriend

Waardering op basis van de laatste 24 maanden

Algemene indruk	8.5
Ligging	7.4
Service	8.8
Prijs / kwaliteit	8.6
Eten	8.2
Kamers	8.8
Kindvriendelijkheid	8.0

8.3
aantal beoordelingen 699

Prijzen en boeken van Hotel Orient Palace*** bij:**

GoMundo.nl	Speedtravel	Tourplan
Arke	Economy Holidays	KRAS SterVakanties
Peter Langhout	Vaya.nl	West Travel

Beoordelingen Orient Palace***** Foto's

Lettergrootte : A A A

699 beoordelingen | pagina 1 van 70   vorige 1 2 3 4 5 6 7 8 9 volgende

print beoordelingen

, 21 november 2006   reisperiode: juni 2006

Algemene indruk: 10 Ligging: 9 Service: 10 Prijs / kwaliteit: 8 Eten: 9 Kamers: 10 Kindvriendelijkheid: 10 (Gem. 9.4)

halloo ik voind het hotel echt gweeldig heb der echt de tijd van me leven gehad door nazmi Ik ga volgend jaar ook weer terug want het is zo mooi hotel je kamer zijn prachtig en eten heerlijk zyn veel zwembaden dus kan altijd ergesn zitten En die helling is het enigste nadeeel maarja ! goed voor je benen val je nog ook af van al dta eten Echt mensen een aanrader ! Mensen moeten niet zeiken over dit hotel echt suppeeer hotel personeel superrr!! informatie nodig ? foto's : jessiica_002@hotmail.com

Waardeer deze beoordeling: waardevol waardeloos   meld misbruik
Geef ook je beoordeling Foto's voor deze accommodatie toevoegen

jessica, 21 november 2006   reisperiode: onbekend

Algemene indruk: 10 Ligging: 9 Service: 10 Prijs / kwaliteit: 8 (Gem. 9.3)

hallo ik ben der in juni/julie gweest en k vond het echt geweeeldig de kamers waren echt prachtig net een paleis echt wasss heeerllijk en coctails ook vooral van, nazmi (L) heeft der egt voor mij een geweldige vakantie van gemaakt ! volgend jaar kom ik weer eht gwedlig hottel alleen jammmer was toen k ging dat het nog saai was in de disco maar ken maakte dat wel goed:P hotel is echt aaanrader ! informatie nodig ? of foto's jessiica_002@hotmail.com

Waardeer deze beoordeling: waardevol waardeloos   meld misbruik
Geef ook je beoordeling Foto's voor deze accommodatie toevoegen

D.S. 11 november 2006   reisperiode: onbekend

Algemene indruk: 10 Ligging: 9 Service: 10 Prijs / kwaliteit: 10 (Gem. 9.8)

Hallo ik ben in Orient palace geweest van 26 Oktober tot en met 2 November?ondanks de vele regen heb ik me toch geamuzeerd. Het was een prachtig hotel , Het eten, bediening, animatie ,.. alles was Perfect, echt een aanrader!dit was de 4de keer dat ik in Turkije ben geweest en de 2de keer in Alanya en ik heb nog nooit zo'n tophotel gezien ,het is zijn sterren waard

Waardeer deze beoordeling: waardevol waardeloos   meld misbruik
Geef ook je beoordeling Foto's voor deze accommodatie toevoegen

Acties

Foto toevoegen
Beoordeling toevoegen

Meest beoordeeld Alanya

- Club Paradiso***** (1044)
- Orient Palace***** (699)
- Leandra*** (686)
- Grand Kaptan***** (461)
- Golden Dreams Suit**** (362)
- Serapsu***** (325)
- Eftalia Aytur hotel*** (241)

Best beoordeeld Alanya

- Delphin Resort***** [9.2]
- Ergun*** [9.2]
- Aspendos*** [9.1]
- Grand Zaman Garden**** [9.1]
- Aspera**** [9.0]
- Angora Beach** [9.0]
- Kont (kontotel)*** [8.9]

Speciale dank aan...

Agnes Nahuis, Francis Damen, Sandra Schors, Rob Driessen, Bruno van de Laar, persbureau ANP.

Reageren op het boek? www.raphschouten.nl